中国边境地区
农村可持续多维减贫研究
——以滇桂边境地区为例

揭子平 著

科学出版社
北京

内 容 简 介

本书从贫困相关理论出发，利用相关文献资料和统计数据，把握滇桂边境地区的基本情况和贫困现状及特征，结合农户调研资料，从收入贫困和多维贫困的角度对滇桂边境地区的农户贫困进行测度。首先，在分析滇桂边境地区贫困现状和贫困测度的基础上，对致贫因素及致贫机理进行分析，主要从自然、经济、文化和历史等多个角度分析贫困原因的复杂性和特殊性，并利用农户调研数据对致贫因素及机理进行定量分析；其次，总结滇桂边境地区现有的扶贫模式，分析现有扶贫模式的不足；最后，对全书进行总结，并对滇桂边境地区可持续多维减贫提出对策和建议。

本书可供区域经济、农业经济等领域的大学师生参考，也可供政府有关部门及工作人员参考。

图书在版编目(CIP)数据

中国边境地区农村可持续多维减贫研究：以滇桂边境地区为例 / 揭子平著. —北京：科学出版社，2020. 11

ISBN 978-7-03-066359-7

Ⅰ. ①中…　Ⅱ. ①揭…　Ⅲ. ①边疆地区-农村-扶贫-研究-西南地区　Ⅳ. ①F323. 8

中国版本图书馆 CIP 数据核字（2020）第 197123 号

责任编辑：林　剑 / 责任校对：樊雅琼

责任印制：吴兆东 / 封面设计：无极书装

科 学 出 版 社 出版

北京东黄城根北街16号

邮政编码：100717

http: //www.sciencep.com

北京厚诚则铭印刷科技有限公司　印刷

科学出版社发行　各地新华书店经销

*

2020 年 11 月第　一　版　开本：720×1000　1/16

2021 年 5 月第二次印刷　印张：10 1/2

字数：210 000

定价：120. 00 元

（如有印装质量问题，我社负责调换）

前　　言

贫困问题一直备受世界关注，消除贫困、实现共同富裕是社会主义制度的本质要求，全面建成小康社会是全国各族人民的共同愿望和奋斗目标。改革开放以来，经过多年的扶贫开发，中国的扶贫工作取得了巨大成就，贫困人口急剧减少，中国边境地区的贫困得到了极大缓解。滇桂边境地区地处中国西南边疆，分别与缅甸、老挝和越南接壤，多个少数民族跨境而居，少数民族文化和习俗多样，面对的国际经济、政治形势复杂，滇桂边境地区农村要稳定脱贫依然任重道远。滇桂边境地区农村的贫困现状如何，其致贫因素及致贫机理如何，现有的扶贫模式有哪些，取得了哪些成效，存在哪些不足与问题，根据滇桂边境地区农村的贫困现状和成因该如何完善现有的扶贫模式，如何解决这些问题，直接关系到滇桂边境地区贫困人口能否早日稳定脱贫、实现小康，对促进民族团结、实现各族人民共同富裕、稳固西南边境具有重要的意义。

本书在借鉴国内外相关研究成果基础上，充分利用文献、统计资料和实地调研资料，围绕滇桂边境地区农村的贫困问题进行较为系统的分析和总结。

第一，总结滇桂边境地区农村贫困现状及扶贫政策。从滇桂边境地区的区位特征、人口特征和经济特征三个方面分析滇桂边境地区的基本经济状况；分析滇桂边境地区农村贫困的现状及特征；总结中华人民共和国成立以来中国扶贫政策演进及其阶段性特征；从民族地区的专项扶贫和社会经济发展优惠政策、兴边富民行动和扶持人口较少民族发展三个方面总结滇桂边境地区的扶贫政策及演变过程。

第二，对滇桂边境地区农户收入贫困和多维贫困进行测度和比较分析。利用实地农户调研资料，对滇桂边境地区农户收入贫困进行测度，分析收入贫困和农户特征之间的关系；然后对滇桂边境地区农户多维贫困进行分析，介绍多维贫困的测度方法、各维度剥夺临界值的确定，对农户多维贫困进行测度，并进一步分析多维贫困与农户特征之间的关系；再将滇桂边境地区农户收入贫困和滇桂边境地区农户收入贫困的测度结果进行比较分析。

第三，分析滇桂边境地区农村致贫因素及机理。从理论上对致贫因素及机理进行分析；从自然环境因素、基础设施因素、公共服务因素、产业因素、特殊边境及历史文化因素方面对滇桂边境地区的致贫因素及致贫机理进行一般分析；利用农户调研资料对农户收入贫困和多维贫困的致贫因素及致贫机理进行实证分析。

第四，分析滇桂边境地区农村的扶贫模式。从政府主导、市场驱动和社会参与三个角度总结滇桂边境地区农村现有扶贫模式；进一步分析滇桂边境地区现有扶贫模式取得的成效与不足；然后分析完善滇桂边境地区扶贫模式的认知和路径。

第五，分析滇桂边境地区可持续多维减贫的障碍及对策。滇桂边境地区可持续脱贫任重道远、返贫风险大、可持续脱贫缺乏长效机制；基于此，本书从扶持政策、确立多维贫困标准、财政投入的重点方面、产业发展、教育培训、防返贫风险防控、生态保护、边境管理与服务方面提出了有针对性的政策建议。

本书是在我博士学位论文基础上修改完成的。本书的出版同时得到中南民族大学经济学院、中南民族大学民族学一流学科建设团队、中南民族大学国别贸易与地缘经济研究团队、中国武陵山减贫与发展研究院和民族团结进步创建活动研究中心的资助。感谢中南民族大学经济学院的领导和同事，正因为得到他们的支持，本书才得以顺利完成。感谢中南民族大学经济学院柯尊韬书记、陈祖海教授、李波教授、毛中明副教授、熊芳副教授、孟庆雷副教授在多方面给予的支持和帮助。特别感谢北方民族大学李俊杰教授对本书撰写和出版的鼎力相助。特别感谢我的导师丁士军教授，他治学严谨，为人谦和，给予我无私的关怀和帮助，让我受益匪浅。同时，也要感谢我的师兄吴海涛教授在本书框架设计及撰写上给予的大力支持和帮助。另外，在本书写作过程中，我借鉴了部分专家学者的研究成果，参考和引用了一些专家学者的观点，在此一并表示衷心感谢。

由于笔者水平和能力有限，书中可能存在诸多不足之处，敬请各位读者不吝赐教。

揭子平

2020 年 5 月于武汉

目　　录

前言
第一章　导论 …… 1
第一节　研究背景和意义 …… 1
第二节　国内外研究进展 …… 5
第三节　研究目标和研究内容 …… 17
第四节　技术路线和研究方法 …… 20
第二章　滇桂边境地区农村贫困现状及扶贫政策 …… 24
第一节　滇桂边境地区的基本经济状况 …… 24
第二节　滇桂边境地区农村贫困的现状及特征 …… 30
第三节　中国扶贫政策演进及其阶段性特征 …… 38
第四节　滇桂边境地区的扶贫政策及其演变 …… 43
第三章　滇桂边境地区农户收入贫困和多维贫困及其比较 …… 49
第一节　调查地区及样本情况 …… 49
第二节　滇桂边境地区农户收入贫困 …… 59
第三节　滇桂边境地区农户多维贫困 …… 64
第四节　滇桂边境地区农户收入贫困和多维贫困的比较 …… 73
第五节　本章小结 …… 76
第四章　滇桂边境地区农村致贫因素及致贫机理 …… 78
第一节　致贫因素及致贫机理的理论分析 …… 78
第二节　致贫因素及机理的一般分析 …… 80
第三节　致贫因素及致贫机理的实证分析 …… 95
第四节　本章小结 …… 101
第五章　滇桂边境地区农村扶贫模式 …… 103
第一节　滇桂边境地区农村现有扶贫模式 …… 103
第二节　现有扶贫模式的成效与不足 …… 110
第三节　扶贫模式的完善 …… 132

第四节　本章小结 …… 137
第六章　可持续多维减贫的障碍及对策 …… 139
第一节　可持续多维减贫的障碍 …… 139
第二节　可持续多维减贫的对策 …… 141
参考文献 …… 149

第一章　导　论

第一节　研究背景和意义

一、研究背景

贫困问题一直备受世界关注，中国作为全球最大的发展中国家，人口基数大，贫困人口多，中国边境地区一直是中国减贫工作的重点和难点。自1986年国务院扶贫开发领导小组办公室成立以来，随着中国政府采取的多项减贫政策和措施的推进，中国的扶贫工作取得了巨大的成就，中国边境地区的贫困得到了极大的缓解。滇桂边境地区地处中国西南边疆，分别与缅甸、老挝和越南接壤，地形地貌以山区和石漠化为主，自然生态环境恶劣，地理位置偏远、相对封闭，多个少数民族跨境而居，少数民族文化和习俗多样，面对的国际政治和经济形势复杂，滇桂边境地区的贫困程度深、致贫原因复杂，滇桂边境地区稳定脱贫任务相当繁重。加大对滇桂边境地区的扶贫，帮助滇桂边境地区的贫困人口早日稳定脱贫，早日实现稳定小康，对促进民族团结、实现各民族人民共同富裕、稳固西南边疆具有重要的战略意义。

（一）精准扶贫工作进入最后攻坚拔寨阶段

自中华人民共和国成立以来，中国政府非常重视扶贫工作，采取一系列减贫政策和措施，大力促进减贫，中国贫困人口大幅下降。中华人民共和国成立之初，千疮百孔、百废待兴，全国处于普遍大规模的贫困状态，农村贫困状况及反贫困进展主要受经济增长过程、收入分配差距和扶贫政策的影响。经济增长使得贫困群众有机会参与市场，从而获得经济利益，早期的经济增长具有涓滴效应和益贫性。在计划经济体制下，国家总体贫穷落后，财政收入有限，政府的扶贫资源少得可怜，只能针对极端贫困人口实行救济式扶贫，通常采取社会救济、自然灾害救济等方式，这些救助方式通常都是暂时性的，对提高贫困人口的自我发展和脱贫能力的作用有限，不能让贫困人口从根本上摆脱贫困状态。改革开放之初，中国通过体制改革极大地解放了生产力，农村经济取得长足的发展，但是由于自然、历史、文化等多种因素，区域经济发展极度不平衡，同一地区内部农村收入差距也逐步拉大，贫困农民参与市场的机会和能力被剥夺，经济增长的涓滴效应和益贫性逐步降低，贫困问题逐渐凸显。“七五”期间，扶贫工作以县为单位，以区域发展带动减贫，为追求经济发展效益，县级政府在利用各项扶贫政策优惠时，更多地倾向于选择附加值较高的工业，尽管县域经济有了很大的发展，但广大偏僻的农村受扶贫投入和优惠政策覆盖相对较少，真正的贫困村、贫困户受益相对较少，许多自然条件非常恶劣的地区，如大山区、石漠化区、高寒藏区等，自然环境恶劣，基础设施落后，对扶贫资金的需求和扶贫投入之间的缺口巨大，农村贫困人口下降速度比较缓慢，扶贫难度大。“国家八七扶贫攻坚计划”期间，政府加大扶贫资金投入，重点向中西部地区倾斜，扶贫开发项目主要针对贫困村和贫困户，重点进行贫困地区的饮用水、通电、道路交通等基础设施建设，普及初等义务教育和基本医疗卫生服务，广泛动员各种力量参与扶贫工作，加大扶贫力度。经过“国家八七扶贫攻坚计划”，中国大面积的贫困问题基本解决，农村人口的温饱问题基本解决，但中国地域辽阔，地区差异大，由于自然、历史等多种原因，少数地区贫困问题依然突出，扶贫工作任务艰巨，要实现全国人民走向共同富裕还有很长的路要走。中国农村贫困由普遍性、区域性、片状分布向点状分布转化，针对这一贫困状况的变化，中国的扶贫政策也逐步发生了变化，扶贫对象瞄准进一步精确化。经过大规模的扶贫开发和“国家八七扶贫攻坚计划”，大量的扶贫资金投入贫困地区，区域开发以县为主，在经济增长的动力引导下，县域经济取得了长足的发展，但乡镇以下的贫困村获得的扶贫资源相对较少。2002 年以后，中国扶贫工作开始采取“整村推进”的方式，农村的基础设施建设水平得到有效提升，农村贫困人口得到更多实惠。随着工业化和城镇化的不断发展，农村劳动力逐步从农村转向城市，农民收入来源更加多元化，绝对贫困状况大大缓解，相对贫困状况越来越突出，随着生活水平的提高，人们对中国的扶贫工作提出了更高的要求。

当一个国家从低收入阶段向中等收入阶段迈进时，绝大部分地区、绝大部分人处于贫困状态，减贫主要依靠经济增长的涓滴效应，通过大规模的扶贫开发，促进经济增长，带动减贫。当一个国家从中等收入阶段迈向高等收入阶段时，通常收入差距会逐步扩大，减贫不仅要依靠经济增长的涓滴效应，还要依靠收入分配效应。当贫困人口规模相对较小时，要通过经济增长和收入分配共同作用来实现减贫，有必要对贫困人口进行更加精确的瞄准，对贫困人口的贫困程度进行科学测量和评价，提出更有针对性的扶贫建议。

（二）对贫困的认识由单维到多维

Sen（1979）把“可行能力”引入贫困分析中，开拓了人们对贫困问题认识和研究的新视野。Sen 指出，收入贫困只是贫困的表现，能力贫困才是影响贫困的实质与根源，要解决收入贫困，需要提高可行能力，只有提高可行能力，才能提高收入水平，由对反贫困手段的追求转向对反贫困目的的追求，反贫困的手段以往通常重在解决收入问题，现在逐步向提高可行能力方面发展，如增加发展机会、权利等，对反贫困的实质内涵有了更新的拓展。

中国是个地域大国和人口大国，各地经济发展水平参差不齐，单纯用收入维度来衡量贫困是不科学的。借鉴多维贫困的思路，能更准确地把握贫困的内涵，也有助于政府在扶贫工作中更准确地瞄准真正的贫困人口，提高贫困人口的可行能力。

（三）滇桂边境地区农村的贫困现实

中国民族地区地域辽阔，滇桂边境地区地处西南边疆，是多个少数民族的聚居地，地理及自然条件复杂多样，民族关系错综复杂，受自然条件、经济基础及历史因素等影响，生产生活方式千差万别，经济发展水平参差不齐，民族地区相对落后，尤其是农村发展长期处于比较落后的状态，贫困人口主要集中在农村地区，滇桂边境地区的农村贫困问题尤其突出。从贫困人口的区域分布来看，民族八省区中贵州、云南和广西贫困人口最多，均超过 400 万人。滇桂边境是中国西南边境的重要组成部分，是中国西南的大门户，云南边境地区与东南亚的越南、老挝和缅甸接壤的边境县有 25 个，其中有 16 个县为国家扶贫开发工作重点县，广西边境地区与越南接壤的边境县有 8 个，其中 3 个为国家扶贫开发工作重点县，边境民族地区贫困问题特别突出。贫困问题、民族问题、社会文化发展问题在滇桂边境地区交织，致贫原因十分复杂且特殊，扶贫难度大。

尽管中国的扶贫开发工作取得了举世瞩目的成就，滇桂边境地区贫困发生率大大降低，但因为多种原因滇桂边境地区的贫困个体的脆弱性、顽固性和持久性突出，要实现这部分人口稳定脱贫任重道远。有必要对滇桂边境地区的贫困现状和特征进行进一步研究，分析滇桂边境地区的致贫因素及致贫机理，找到适合滇桂边境地区的扶贫模式，进一步优化滇桂边境地区的扶贫政策及措施。

（四）边境地区社会治理的特殊性、复杂性

相对于内陆地区而言，边境地区的社会问题及其治理更加复杂。滇桂边境地区由西向东分别与缅甸、老挝和越南接壤，流动人口较多且流动性强、身份多

样，流动人口问题非常突出。滇桂边境地区边境线长，边境线上多是山区，地形复杂多样，来往便道多，社会人员来往渠道多，边境贸易频繁，边境地区经济来往密切，边境地区许多跨境民族，语言相通、习俗相近，往来频繁，流动人口众多、流动性强，给贫困人口长期动态管理带来困扰，许多政策难以落实，对滇桂边境地区的扶贫工作带来巨大挑战。

二、研究意义

（一）理论意义

本书进一步丰富了精准扶贫的内涵。在精准扶贫的背景下，贫困人口识别不精准、扶持措施不够精准、精准管理不到位的问题比较普遍。本书将农户收入贫困和多维贫困进行比较，寻找其关联和差异，为识别贫困人口提供了理论依据；对现有扶贫模式的不精准问题进行深入分析，为未来扶贫工作的精准实施和管理、扶贫模式的创新提供了方向。

本书进一步丰富了边境地区扶贫开发的理论成果，为滇桂边境地区的扶贫开发提供了理论依据。滇桂边境地区是典型的集中连片贫困地区，且地处边境，区位特殊，滇桂边境地区要做到扶贫工作精准识别、精准扶持和精准管理，就必须弄清楚滇桂边境地区的贫困现状、究竟是哪些原因导致贫困、致贫机理如何、滇桂边境地区采取了哪些扶贫模式、这些扶贫模式扶贫成效如何、存在哪些问题和不足，本书的研究试图回答这些问题，为滇桂边境地区的扶贫开发提供更科学的理论依据。

（二）现实意义

1. 消除贫困，实现共同富裕

滇桂边境地区，尤其是滇西边境山区和滇桂黔石漠化区域，是全国贫困突出且情况复杂、特殊的民族地区之一。全面实现小康，少数民族一个都不能少，一个都不能掉队。所以，必须多维度解析滇桂边境地区的贫困现状，从多角度了解其复杂特殊的致贫因素及致贫机理，对现有的扶贫模式进行总结，寻找其不足和问题，采取有针对性的措施，加大帮扶力度，促进滇桂边境地区的发展，实现与全国各地区同步步入小康社会的目标。

2. 维护民族团结和边疆稳定

滇桂边境地区的经济发展水平如何、边民的物质生活水平怎样、边民的精神状态如何、边民是否具有民族自豪感，这些直接关系到国家的尊严和形象，关系到边境地区的政治稳定、人民生活安定和各民族团结。边民对生活区域周围的一切都很熟悉，生活在边境一线的居民是天然的边防力量，发挥着天然的边防军的作用，是维护边疆稳定的重要力量。滇桂边境地区地处中国西南边境一线，是中国连接东南亚各国的重要通道，滇桂边境分别与老挝、缅甸和越南接壤，滇桂边境地区边境线长，边境口岸众多，与相邻国家贸易往来多，边民互市贸易繁荣，居民生活联系密切。因此，滇桂边境地区的贫困问题不仅仅是经济问题，更是政治、民族和社会问题，滇桂边境地区的扶贫开发不仅关系着当地居民脱贫致富，更关系着中国多民族的共同富裕和边疆的稳定大局。如果边境地区的边民能够富裕起来，他们就愿意扎根中国边疆地区，成为守卫边疆的最天然、最优秀的“士兵”，但由于自然、地理、历史等方面的原因，滇桂边境地区贫困问题突出，是全面建设小康社会最难以攻陷的贫困堡垒，滇桂边境地区贫困程度较深，许多年轻劳动力都外出到经济发达的城市务工，根据入户调研情况来看，2016 年，70% ~80% 的农户家庭都有劳动力外出务工，从长远来看，这必然导致年轻人口从滇桂边境地区逐渐流出，未来新生人口力量缺乏，不利于固土戍边，严重威胁中国边境地区的国防安全问题。促进滇桂边境地区的经济和社会发展，保障贫困人口稳定脱贫，让边境地区人民安居乐业，维护民族团结和边疆稳定，为构建和谐社会和全面实现小康奠定基础。

第二节　国内外研究进展

一、国外研究进展

（一）多维贫困的理论基础与实证研究

1. 理论基础

长期以来，贫困一直被视为经济上的单维贫困，是指人们缺乏维持最低生活水准的基本物质条件，难以维持自身简单的再生产，不能满足衣、食、住等基本需求。经济视角的贫困研究认为，一个人要摆脱贫困，只要增加收入就行，只要人们的收入高于贫困线，那么其在其他所有方面的福利水平均可以满足。基于此认识，传统的贫困概念是通过收入或支出水平来确定的，即家庭人均收入低于某个标准就被视为贫困人口。英国经济学家 Rowntree(1901) 首次为个体家庭从一维角度建立了贫困标准。他指出，最低标准必须满足正常生理需求的营养所需的食物量，以及基本的衣、食、住、行，并全部转化为货币量来表示，以此来划分贫困线标准。Rowntree（1901）认为，如果一个家庭的总收入水平不足以获得维持身体正常功能所需要的最低生活必需品，那么这个家庭就基本陷入了贫困之中。Rowntree（1901）在此处对贫困的定义是基本需求的剥夺，强调绝对贫困，这个基本需求是维持生存的最基本的物质需求。美国社会保障局的经济学家Orshansky（1963）改进了Rowntree（1901）的方法，并建立了美国的贫困线，其在Rowntree（1901）提出的贫困线基础上，借助特定的恩格尔系数和最低食物支出水平之间的关系，建立了美国的贫困线标准；Orshansky（1963）在确定贫困线时，确定了家庭最低生活需要的消费品所需货币量，消费品包括食品和非食品。直到现在，英国、美国和世界银行依然用收入/消费贫困线来识别贫困。早期，社会生产力不发达，物质不够丰富，反贫困问题的目标局限于谋取基本生存，即基本保障食能果腹、衣能蔽体。随着工业化和城市化的发展，社会物质逐步丰富，全球绝对贫困幅度大幅下降，人们对物质和精神生活的要求逐步提高，收入差距也越来越大，绝对贫困的概念的局限性越来越大，更多的学者和机构转入相对贫困的研究。1965年，美国学者Fuchs（1965）将贫困定义为：个人或家庭的收入水平少到社会认可的一定程度时所处于的那种生活境地。相对贫困的概念不再满足于绝对贫困对基本需要的理解，更多地强调社会认可，强调贫困的主观感受。

随着社会的发展，生产力越来越发达，物质越来越丰富，人们的生活水平也越来越高，人们的追求逐步朝着高层次发展。随着理论和实践的不断推进，人们逐渐认识到，贫困是一个复杂综合的社会现象，除了经济收入以外，贫困还涉及教育、健康、营养、住房等多个维度的缺失。狭义的贫困仅仅指经济意义上的贫困，广义的贫困还包括营养、健康、教育、生存环境等发展的贫困，除了物质上的需要，还包括社会的、情感的需要等。Townsend（1979）认为，贫困是资源分配不平等导致的无法满足生活的基本需要的相对窘迫状态，贫困是缺乏获得各种食物、参加社会活动和最起码的生活和社交条件的资源；世界银行在《1981年世界发展报告》中指出，当某些人、某些家庭或某些群体没有足够的资源去获取他们那个社会公认的，一般都能享受到的饮食、生活条件、舒适和参加某些活动的机会，就是处于贫困状态。这里剥夺的概念就不仅仅包含收入低下、物质需求的剥夺，更包括对基本健康、教育、就业和社会参与的需要。联合国千年发展目标规定了促进人类发展的8个目标：消灭极端贫困和饥饿、普及小学教育、促进两性平等并赋予妇女权利、降低儿童死亡率、改善产妇保健、确保环境的可持续能力、对抗艾滋病毒以及其他疾病、推动全球合作伙伴关系。前7个目标就包含了人类对实物、衣服、教育、医疗的基本需求。

从收入角度来看待贫困问题有着非常明显的缺陷，首先收入数据不容易获取和估算，其次收入反映的是一个家庭当年的经济收入，不能反映过去的财富存量，资产反映了一个家庭多年的收入积累和消费平滑后的财富拥有状况，财富存量对风险冲击有很大的缓冲作用，如果过去财富积累丰厚，一个家庭近几年就算没有收入，也可能不会陷入贫困，因此 Haveman 和 Wolff（2004）认为，贫困取决于一个家庭可以控制的经济资源和社会可以接受的最低“基本需要”。Sen（1999）指出，单一的收入或消费支出转化为货币来计算的贫困指数并不能全面地反映个体家庭的实际贫困状况，贫困问题应被视为个体家庭基本能力的被剥夺，即能力贫困。Sen（1999）提出的“能力贫困”的新观点，阐明了个体家庭贫困的根源是来自“能力缺乏”，是能力被剥夺造成的。提高收入只是手段，而不是反贫困追求的最终目的。反贫困的最终目的是要摆脱贫困，让人们最终能过上幸福的生活，而要过上幸福的生活，需要人们具备基本能力。收入贫困只是能力贫困的外在表现，是由于人们获取收入的技能和能力存在差距，或是由于收入分配的不平等性而表现出的“能力不足”或“能力缺乏”。所以解决贫困的根本问题，在于解决“能力不足”或“能力缺乏”。Sen（1999）最早明确提出以能力方法为标准来定义的多维贫困理论。“多维贫困”概念的提出，让人们对贫困的认识上升到发展的层面，已经超越了传统的绝对贫困和相对贫困的范畴，Sen 的多维贫困理论的核心观点是人的贫困不仅仅表现在收入贫困方面，还表现在健康、受教育年限、生活质量等福利指标方面。当前，Sen 的“可行能力”理论被公认为是多维贫困的理论基础。

2. 实证研究

从构建多维贫困指数的理论角度出发，运用多维贫困指数进行实证测算的研究文献相对较多，如 Nussbaumer 等（2012）借助“双界线”法测算了非洲国家的能源贫困问题。Alkire 和 Seth（2015）采用“双界线”法分析了 1999 ~ 2006 年印度多维贫困的变化。Ortiz 等（2012）基于贫困测量理论，从多维视角考察了儿童贫困问题。较早的还有 Pradhan 和 Ravallion（2000）基于非公理化标准，借助 Probit 模型构建贫困指数，对尼泊尔和牙买加的微观数据进行的实证分析。Chakravarty 等（2005）运用 Watts 多维贫困指数，结合世界各国 1993 ~ 2002 年的截面数据，从人均 GDP、预期寿命、文盲率三个方面测算了各国的多维贫困状况，并运用夏普里值分解推导了贫困的决定因素。

（二）致贫因素及致贫机理

对贫困的解释最初仅仅局限于经济学，主要从物质的角度来理解。从经济学的角度来认识贫困的成因及机理当然重要，经济学派认为贫困主要表现为收入贫困和消费的不足，在反贫困方面致力于促进国民经济增长的方法和财富分配的研究。配第（2000）最早对劳动力价值论进行论述，认为商品的交换价值由劳动决定，财富是人类劳动的成果，在此基础上，他提出最低工资理论，认为工资是维持工人生活所必需的生活资料的价值，这体现了收入的绝对贫困概念。李嘉图（2005）最早提出相对工资的概念，李嘉图认为工资是工人出卖劳动的报酬，是工人及家属维持其必需生活资料的价值，在工人创造的新价值中，与资本家所得利润、土地所有者所得地租相比，工人所得的工资水平较低，这会造成分配不平等、收入差距扩大，工人阶级与其他阶级之间存在着相对贫困。福利经济学家主要关注福利的分配，认为贫困主要表现为社会福利的不足，当一部分人的福利低于其他人的福利时，这部分人就陷入了贫困。例如，旧福利经济学家庇古（2017）认为，经济福利的大小取决于国民收入的多少及收入分配情况，在国民收入总量一定的条件下，收入均等化可以加大社会经济福利，庇古主张将富人的财富转移一部分给穷人。发展经济学家主要是从经济社会发展规律出发，研究贫困国家如何走出贫困、实现发展、逐步富裕的过程。在经济发展过程中，涓滴效应通过经济增长来促进减贫，涓滴效应在发展早期的减贫效果是显著的，但在发展后期，涓滴效应不能解决收入差距扩大、贫困恶性循环的问题，即“贫困陷阱”。Nurkse（1953）的贫困恶性循环论指出：从资本的供给看，“低收入—低储蓄—资本形成不足—生产规模难扩大、生产率低—低收入”；从资本的需求方面看，“低收入—低购买力—投资引诱不足—资本形成不足—生产规模难扩大、生产率低—低收入”，如此周而复始，形成恶性循环，许多发展中国家在封闭条件下很难打破这样两个循环，难以突破贫困陷阱。Nelson（1956）的低水平均衡陷阱论指出，人均资本、人口、国民收入和人均收入有一个均衡关系，只要人均收入低于理论值，国民收入的增长则被更快的人口增长率抵消，使人均收入退回到维持生存的水平，难于实现发展。缪尔达尔（1994）的循环累积因果论指出，发展中国家的贫困的原因是因为“收入低—生活水平低—人口质量下降—劳动力素质不高—就业难、生产效率低—劳动生产率低—产出增长停滞或下降—收入低”。经济发展中存在的恶性循环，导致处于贫困状态的主体因贫困而长期陷入贫困循环。

经济学视角的研究强调收入的重要性，主要从物质资源层面理解贫困，强调资本积累和发展经济，但是忽略了个体或家庭所处的社会环境和社会不利因素等方面，在贫困研究中较为狭隘，有较大的局限性。后来的研究逐渐从社会学、发展学、政治学、文化学等多视角来更深层次地理解贫困成因及机理。社会学视角的研究以个体或家庭所处的社会环境来认识贫困，社会学家从剥夺和社会排斥来定义贫困，认为社会排斥导致部分人被排斥在社会福利制度之外，不能够参与到社会和经济活动中，没有支付能力不能获得必需的商品和服务。1974 年，法国学者 Lenior（1994）最早明确提出了“社会排斥”的概念，认为社会排斥强调的是个体和社会整体之间的断裂，主要指没有被传统的社会保障体系覆盖的人，如单亲家庭、残疾人、失业者等弱势人群。欧盟认为社会排斥是个体因为贫困或缺乏基本能力与学习机会，或者被歧视而无法完全参与社会，被社会边缘化的过程。20 世纪 90 年代以来，很多学者将“社会排斥”逐步引入贫困领域的研究，欧共体（现欧盟）1989 年在《向贫困开战的共同体特别行动计划的中期报告》中指出，贫困是个人、家庭和群体的资源（物质的、文化的和社会的）有限，以致于他们被排除在其所在国可以接受的最低限度的生活方式之外。50 年代，相关研究学者开始关注贫困的代际传递问题。“布劳-邓肯模型”研究了父母的受教育程度和职业对子女以后社会地位的影响程度。Rowntree（1901）认为，生命周期的不同阶段产生贫穷的可能性不同，通常儿童、父母、老年三个阶段容易陷入贫穷；McLanhan 和 Booth（1989）认为，贫困家庭的子女在未来更可能与同样家庭情况的子女相结合，组成一个新的贫困家庭，形成了家庭贫困的代际转移。

制度视角的学者认为，任何一种贫困都是特定的社会制度的产物，他们更多地将贫困归因为“分配不公”，从社会正义分配视角来分析贫困问题，认为贫困是人们由于缺乏平等公正的社会分配而在权利、物资、机会等方面低于社会平均水平，从而使分配底层无法满足最低限度基本需要的状态。Rank 等（2003）认为贫困的根源在于制度，因此消除贫困需要考虑更广泛的制度层面的解决措施。增长型贫困与分配型贫困是贫困的两种基本类型，在经济发展进入中高收入阶段，单纯依靠经济增长的涓滴效应来减贫远远不够，收入分配显得更加重要。

文化视角的学者认为，社会文化是贫困产生的重要因素，美国学者 Lewis（1959）在 *Five Families: Mexican Case Studies in the Culture of Poverty*（五个家庭：墨西哥贫穷文化案例研究）中提出“贫困文化”的概念，该理论强调父母对子女的养育方式和所处的社区生活环境对子女的影响，并从社会、社区、家庭、个人层面系统分析了“贫困文化”对穷人的影响。穷人由于长期处于贫困状态，形成了一套特定的生活方式、行为规范和价值观念体系，构成了相对稳定的贫困文化，对周围的人或子女带来显著影响，彼此相互影响或代代相传，进而构成代际传递。例如，一部分人受“贫困文化”的熏陶，不求进取，“等、靠、要”思想严重，贫困文化传递给下一代，下一代更容易陷入贫困，呈现典型的代际贫困传递，即贫困及致贫因素在家庭内由父母传递给子女，而子女则继承父母的贫困及致贫因素，在成年后重复父母的境遇，并将贫困及致贫因素传给后代，形成恶性循环。贫困的父母通常对孩子的教育投资较少，孩子缺乏接受良好教育的机会，人力资本积累薄弱，子女进一步落入贫困陷阱的概率非常高，因此许多学者认为增加对教育的投入、教育机会均等、提高人口教育素质是打破贫困代际传递的关键因素。

传统的自然环境论认为，贫困是由贫困者所处的恶劣环境引起的，自然环境恶劣，生存空间严重不足，导致收入低、支出高，难以摆脱贫困。地理自然环境差，投资收益低，投资动力不足，经济运行成本高，人们收入低、支出高，进一步影响储蓄和投资，影响经济增长，影响教育，影响人力资本积累；地理条件差，交通不便，对外开放度低，导致个人或民族封闭保守，他们不愿意或者缺乏能力接受新事物，被排斥在社会发展之外。

经济、社会、制度、文化和自然环境五个方面的因素是外在的、宏观的致贫因素，但更多学者认为贫困是外因和内因共同作用的结果，应该从贫困个体自身找原因，提高个体的综合素质以摆脱贫困。Schultz（1964）认为，传统农业内部的资源配置是有效率的，农户之所以贫困是因为农户缺乏知识和高质量的投入，据此他认为消除贫困不能仅仅依赖于外部的支持，更应该注重贫困者自身积极性和能力的培养，增加其知识，提高其人力资本，使其能更好地运用先进的技术，提高现代农业的投入质量，增加产出，消除贫困。贫困地区的贫困人口通常表现为受教育程度低、人口素质低，观念保守落后，接受新事物困难，无法适应社会的发展，无法抓住新的就业机会。长此以往，该群体容易陷入贫困。还有许多个体因为身体残疾或疾病丧失劳动力，无法参与经济和社会活动而陷入贫困。不同个体具体情况不同，抗风险能力不同，贫困的人口有可能摆脱贫困，非贫困的人口也有可能因为遭遇风险而陷入贫困。

二、国内研究进展

（一）多维贫困实证研究

从中国国内情况看，对多维贫困的研究主要集中在运用指数进行测量上，大部分学者就我国城乡、贫困重点县及不同指标间进行贫困规模、深度和强度的测算，并进一步提出政策指导意见。例如，侯卉等（2012）选取中国健康与营养调查 2009 年数据，采用 7 个维度指标，对中国城镇多维贫困进行了测算。陈立中（2008）从收入、知识和健康 3 个维度测算了我国 1990 年、1997 年和 2003 年的多维贫困情况。孙秀玲等（2012）借助分布在山西省的 35 个贫困县贫困调查数据，选取 6 个维度指标，对山西省农村居民贫困进行了测量。王小林和 Alkire（2009）采用 Alkire 和 Foster（2008）提出的“双界线”法，利用中国健康与营养调查 2006 年数据，对我国城市和农村多维度贫困展开了实证研究。邹薇和方迎风（2011）利用中国健康与营养调查数据，从“能力”角度，选取收入、教育和生活质量 3 个维度 8 项指标，并按指标、城乡和地区间对多维贫困指数进行分解，对中国国内多维贫困的现状做了深入研究。郭建宇和吴国宝（2012）从实证的角度，利用山西省贫困县的住户数据，考察了不同收入贫困标准和多维贫困定义组合下的多维贫困户与收入贫困户之间的数量关系。陈辉和张全红（2013）利用 A-F 方法，选用收入、健康、教育等 6 项指标，以广东省中山市为例，考察了城市多维贫困问题。李俊杰和李海鹏（2013）也采用 A-F 方法，以长阳土家族自治县的调研数据为例，考察了民族地区的多维贫困问题。吴海涛等（2013）以恩施土家族苗族自治州某村的调研数据为基础，利用 A-F 方法考察了我国多维贫困角度的性别贫困问题。从多维角度把握贫困的实质，逐渐被学术界认同。高艳云（2012）利用中国健康与营养调查 2000 年和 2009 年数据，从多维角度，对近十年来中国城乡多维贫困进行了测度、分解及分析，其认为总体上而言，中国城乡贫困程度均有所减轻，农村贫困比城市严重。刘艳华和徐勇（2015）借鉴脆弱性——可持续生计框架模型，通过建立农村多维贫困测度指标体系和地理识别方法，对我国的国家扶贫开发工作重点县进行了多维贫困测度和对比分析，并根据测度的结果将国家扶贫开发工作重点县划分为 8 种贫困类型。石智雷和邹蔚然（2013）采用丹江口库区的抽样调查数据，从库区农户的当前消费水平、长期资本积累和可持续性发展水平三个角度对库区农户的贫困状况进行了分析，其研究发现，迁移对库区农户有巨大冲击，且其对不同时间搬迁的农户的影响差别很大。王春超和叶琴（2014）基于中国健康与营养调查 2000 ~ 2009 年的个人数据，采用 A-F 方法，从收入、健康、教育、医疗 4 个维度对我国农民工进行了多维贫困的考察，分析了中国农民工多维贫困的演进情况。张全红和周强（2015a）采用中国健康与营养调查面板数据，以多维贫困指数（multidimensional poverty index，MPI）为基准，考察了中国多维贫困的动态变化。高帅和毕洁颖（2016）利用 2010 年和 2012 年中国家庭追踪调查数据，分析了我国农村人口动态多维贫困及其影响因素，并据此提出要把发展和消除不平等作为解决多维贫困的根本途径，引导“脱贫”和防止“返贫”相结合。李飞（2012）利用 9 个村的农户调研数据，对农户从收入、教育、健康、住房和社会关系 5 个维度进行了测量。杨龙和汪三贵（2015）利用中国农业大学“985”项目农村固定点调查得到的农户调研数据，对我国贫困地区的农户进行了多维贫困测度及分解，研究发现低收入农户存在更严重的多维贫困状况，在致贫因素中，地形因素的影响要大于民族因素的影响，我国贫困地区的农户普遍面临着饮水困难的问题。张全红等（2014）利用中国营养与健康调查数据，采用主成分分析法，从省级层面进行了多维贫困的动态测度，对我国多维贫困进行了省际比较分析。刘伟和黎洁（2014）利用陕西安康的问卷调查数据，对我国西部山区农户进行了多维贫困测量。杨龙等（2014）对特殊的集中连片贫困区域——西藏的多维贫困进行了研究，认为提高农牧民人力资本、增加资产积累最为重要。张庆红和阿迪力·努尔（2015）利用调研数据对新疆南疆地区的农村多维贫困进行了综合测度和分析，提出在提高收入的同时，要加强健康和教育方面的改善，增加农村地区的基本公共服务供给。刘林（2016）以新疆南疆三地州为例，探讨了边境连片特困区多维贫困问题。郑长德和单德朋（2016）对集中连片特困地区进行了多维贫困测度，从县级层面分析了其时空演进特征。罗晓珊等（2017）以贵州毕节为例，对我国喀斯特山区的多维贫困进行了测度。周强和张全红（2015）以江苏和山东为例，对我国东部地区的多维贫困进行了测度。王茹等（2017）从县域角度，对西藏地区进行了多维贫困的测度。张晓颖等（2016）基于对北京家政服务从业人员的调查，对流动妇女的多维贫困进行了分析。李俊杰和陈浩浩（2015）从不同民族的角度，测量了不同民族农村居民的多维贫困。杨慧敏等（2016）对生态敏感区的农户的多维贫困进行了测度，并进一步对影响因素进行了分析。马瑜等（2016）基于社区和家庭的角度，对中国老年人的多维贫困进行了测度，并进一步对致贫因素进行了分析。张科静等（2016）对农村儿童的多维贫困进行了测度。高翔和王三秀（2017）分析了中国农村老年人口的多维贫困状况。冯贺霞等（2017）对贫困地区儿童的多维贫困进行了研究。

（二）致贫因素及其机理研究

国内学者关信平（1999）认为，贫困是在特定社会背景下，部分社会成员由于缺乏必要的资源，在一定程度上被剥夺了保障其正常获得生活自理和参与经济与社会活动的权利，并使他们的生活持续性低于该社会的常规生活标准。王小林（2017）认为，贫困既包括了收入不足的“贫”，也包括了个体或家庭处于不良的自然环境、不能接受教育和卫生服务等的“困”，贫困是多维度的。根据 Sen 的可行能力方法，贫困不仅仅是收入低下，更为重要的是没有能力获得教育、卫生、饮用水等基本服务，人力资本不足，社会保障不足等都会造成人们的收入能力丧失。2000 年，“中国社会保障体系研究”课题组在我国社会保障制度评估上使用了“社会排斥”概念，这是社会排斥理论在我国最早运用的体现。王小林（2017）认为，社会排斥是指个人或群体被排斥在平等获得公共资源、参与劳动力市场、获得基本公共服务、参与社会活动和事务之外的现象。社会学家大多数将社会排斥归因于制度原因，认为应该从政治、经济、文化和社会制度等方面进行改革，保障弱势的个体或家庭有拥有和实现这些权利的渠道。我国学者从社会排斥角度来研究贫困问题，主要有以下观点：不完善的社会结构与政策制度事实上在一定程度上排斥了弱势群体；在城镇化背景下，人口在流动过程中遭受偏见、歧视和排斥；由于民族宗教信仰问题和文化差异，人们对少数民族宗教信仰及文化认识不充分，对其不理解、不尊重，从而对民族宗教群体排斥。早期贫困的成因更多地集中在穷人本身身上，在社会排斥视角下，人们更多地思考外在的社会原因。赵玉亮和邓宏图（2009）对中国农村贫困的制度成因进行了较为全面的分析，他们认为，制度从来不会抽象地起作用，它要通过具体影响投资、教育和消费等因素导致一个机制性的诸多彼此作用的联动效应，贫困是贫困制度导致的，中国农村贫困往往是因为农户受到诸多制度的约束，如人力资本、二元结构条件下的户籍制度、对农业的投资、社会保障体制、土地产权的细碎化、家庭承包责任制下的小农经济结构等，这些制度因素都导致了农村贫困。刘建华（2015）对征地撤迁、退耕还牧过程中经济利益补偿的不公平，自然生态破坏造成的利益威胁，以及对社会保障政策实施过程中不公开、不透明等问题进行了研究，论述了边疆民族地区利益分配不公、利益补偿不到位等社会问题，提出建立公正的利益分配与协调机制以维护边境民族地区的社会稳定。李晓明（2005）认为，贫困代际传递现象在我国边远山区少数民族生活中不容忽视，应特别重视持续性贫困与政治经济体制、社会结构、文化与行为方式、价值观念、传统与习俗、生活环境、人口与健康、家庭，以及个人素质等因素的内在联系。自然资源禀赋直接影响投资水平、对外开放度等，是经济增长的重要要素之一。曲玮等（2010）认为，个人或民族的性格特征深受地理环境和气候条件的影响，甚至决定他们的社会成就和经济地位。

（三）关于滇桂边境地区的贫困问题研究

1. 贫困的现状研究

国内学者刘文光（2012）以云南边境地区人口较少民族为例，对云南边境地区的贫困问题进行了研究，他认为云南边境地区与全省其他地区的发展差距逐步拉大，与全国人口较少民族发展水平还有一定的差距，贫困问题仍然很突出；道路、水电、广电、住房等基础设施薄弱，社会事业发展滞后；自我发展能力弱，产业发展难度大；社会总体发展水平较低，发展不平衡问题突出。林红叶和李龙华（2008）对云南 25 个边境县的贫困现状进行分析，认为云南边境 16 个国家扶贫开发工作重点县的贫困发生率比全省高，脱贫难度大。杨云（2013）认为，云南边境地区贫困类型特殊，其贫困面大、贫困程度深的状况仍然没有从根本上改变；资金等生产要素的逐利性使得扶贫开发投入与需求之间的矛盾更加突出；生态脆弱和资源环境保护的需要与民众利用资源脱贫存在冲突。茶洪旺（2012）认为，尽管经过西部大开发，云南少数民族地区的经济发展取得了显著成效，但发展中的贫困问题依然很突出，发展并不意味着可以消除贫困。茶洪旺（2012）认为云南边境地区的生存贫困主要体现为饮水不安全、交通、电力、通信等基础设施严重不足；发展贫困主要体现为贫困人群享受的教育和医疗卫生保障条件低下。宋涛（2001）分析了广西边境少数民族经济社会发展相对滞后的状况，指出由于历史、自然、地理等诸多因素，广西边境少数民族经济社会发展滞后，主要表现在以下三个方面：①生产生活条件恶劣，贫困程度严重；②基础设施比较薄弱；③社会文化教育事业落后。金香（2009）在对广西龙州进行调研基础上，分析了龙州的贫困情况，认为其贫困问题较为突出；基础设施建设落后；产业结构单一，经济发展落后；边境贸易受诸多因素的影响。杨文哲（2010）分析了广西边境地区的发展特点，认为广西边境地区经济发展和社会建设相对滞后；地理环境特殊，农业生产和生活条件较差。韦晓英和卢兆龙（2011）对广西集中连片贫困地区——百色市的贫困状况进行考察，认为百色市地区为喀斯特地貌，山多地少，自然环境和农业生产条件恶劣；区域基础设施落后，投资环境差；农民收入低、贫困村比例大、贫困人口多，贫困程度深；产业结构水平低，经济社会开放程度低；信息物流受阻，经济发展困难。

2. 贫困的成因研究

徐畅江（2006）认为，云南边境地区因受地理环境、历史和文化背景、发展机制、基础设施、劳动者素质的约束等而出现贫困。林红叶和李龙华（2008）认为云南边境地区因生态环境恶劣、社会发育程度低、经济发展水平低、受教育程度低及自我发展能力差等原因而出现贫困。马小宁（2012）对云南边境少数民族县域经济进行了研究，指出云南边境县域经济发展实力不强，经济发展方式相对落后，受经济政策执行力、文化产品竞争力、劳动力素质、管理能力等因素制约而出现贫困。程浩然（2012）通过对制度变迁、资源配置和人口等因素的分析，指出云南边境地区县域经济在发展中存在城镇化低、城乡二元结构突出、生产方式粗放、资源利用效率低、人口文化素质低、人力资源匮乏等问题。杨云（2013）认为，云南边境地区贫困的主要原因是云南边境地区自然条件恶劣、交通极其不便、自然灾害频发；贫困人口受教育程度低，自我发展能力不足；扶贫投入不足，扶贫资金投入低于“临界最小努力”。韦晓英和卢兆龙（2011）通过对百色连片贫困区的考察，认为百色市贫困带的形成主要是因为恶劣的自然条件、特殊的区位和历史因素，岩溶山区石漠化严重，山多平地少，石多土少，农业生产大受影响；当地居民长期依赖资源，刀耕火种，过度开发，生态环境越来越恶劣，自然灾害频发，人们的生产和生活条件越来越严峻；此外，百色市部分少数民族社会发展程度较低，保护环境意识薄弱，可持续发展后劲不足，这些都是百色市贫困带形成的原因。蒙神和黄金来（2004）从教育落后角度分析了广西边境县的贫困问题，他们认为广西边境少数民族县地处“老、少、边、山、穷”地区，地理环境条件恶劣，交通不便，信息闭塞，边境经济文化严重滞后，也造成了基础教育薄弱、水平低、不稳固、不平衡的现象。朱士鹏（2009）从地理位置、自然条件、交通、民族心理等角度分析了广西边境县贫困的原因。杨文哲（2010）从广西边境贸易角度出发对广西边境地区的贫困问题进行了分析，他认为广西边境地区边境贸易的发展受历史形成的心理障碍、特殊的地理环境等因素的制约。

3. 扶贫对策研究

针对云南边境地区的贫困问题，国内学者提出了一系列反贫困的相关对策和建议。林红叶和李龙华（2008）认为，针对自然条件恶劣的云南边境贫困地区，可以通过易地开发扶贫；对于“直过区”必须从长计议，通过特殊政策创造良好的社会环境，加快基础设施建设和义务教育，改善公共卫生条件；结合当地优势生物资源，发展特色经济，实施产业扶贫；通过发展教育，治愈人们思想上的贫困。刘文光（2012）针对云南边境地区人口较少民族的贫困问题，提出保护与开发民族特色文化产业，扶持少数民族优秀文化的继承和发展。罗伊玲和刘亚彬（2012）提出发展扶贫旅游与生态旅游的战略对策，既能给云南怒江贫困地区带来经济和社会效益，又能防止脆弱的自然环境和人文资源遭到破坏。杨云（2013）认为云南边境地区要脱贫致富，就必须制定科学有效的脱贫发展规划，整合资源，发挥项目脱贫的作用，因地制宜、分类指导，利用多种形式脱贫致富。茶洪旺（2012）认为要基本消除云南边境地区的贫困，除了改善客观方面的条件外，更重要的是要改变主观方面的落后观念，具体来说就是要进一步解放思想，加快发展方式的转变，重点发展教育和卫生事业，争取国家特殊政策，扶持人口较少民族发展，加大对特色产业的扶持力度，发挥“桥头堡”作用，加大沿边对外开放。关于广西边境地区的扶贫对策，国内学者主要从教育、旅游、边境贸易等角度提出了相关建议。宋涛（2001）认为，“兴边富民行动”应以民族发展为主要内容，民族发展是衡量“兴边富民行动”得失成败的关键；要立足于提高劳动者的素质，重视培养少数民族的发展能力，并提出改善教育的重要性。蒋满元（2008）在分析广西边境县发展特色旅游优势的基础上，提出通过扶持广西边境县特色旅游的发展来带动当地经济的建议。杨文哲（2010）在中国-东盟自由贸易区启动的背景下，分析了广西边境贸易发展的有利条件，同时分析了广西边境贸易存在的问题，提出改善边境口岸的基本设施条件、稳定现行边贸政策并适当调整放宽的建议，从而带动广西边境地区的经济发展。韦晓英和卢兆龙（2011）针对百色市连片贫困区的情况，提出要加强连片贫困区的基础设施建设，多方筹措资金，提高资金使用效率，多给予项目支持，切实解决三农问题，帮助农民脱贫致富。

三、研究述评

随着社会生产力的提高，社会剩余产品不断丰富，贫富差距也逐步扩大，国内外学者对贫困问题的研究越来越多、越来越深入。随着社会的发展，人们对贫困的认识在不断变化，并随着人类社会的发展而不断演进，国内外学者对贫困的研究也呈现出一个动态变化的过程。总的来说，人们对贫困的定义由狭义逐步向广义发展，由单维逐步向多维过渡，从物质领域逐步向非物质领域转变，从经济领域逐步向社会学领域变化。随着社会的发展和人们对贫困认识的深入，贫困是一个发展的动态概念，在经济发展初期，物质比较匮乏的时期，人们更多地关注绝对的收入贫困和消费贫困，在经济发展的高级阶段，相对贫困和多维贫困更受关注。

通过对贫困理论和滇桂边境地区的反贫困实践研究进行梳理发现，随着中国对扶贫工作越来越重视和反贫困工作越来越深入，有关贫困问题研究的文献越来越多。从总体上来说，关于贫困理论，中国学者的研究逐步从对绝对贫困的研究过渡到对相对贫困的研究，对贫困的认识由单维逐步过渡到多维，对贫困的研究更为具体化、系统化。中国学者借鉴西方多维贫困的测量指标和方法，结合中国的实际情况，对相关维度和指标进行创新，对中国多维贫困进行了诸多实证研究，让人们对贫困问题有了更深刻的认识。中国学者对滇桂边境地区贫困问题的研究相对较多，主要从贫困原因、致贫机理和反贫困对策来研究滇桂边境地区的贫困问题，基于调查研究、实证调查和数量分析相对较多，定量研究有较大发展。现有研究主要存在以下不足。

一是实证分析较多、理论基础研究不足。中国的反贫困研究主要受发展经济学影响，多侧重于农村贫困地区的贫困人口调查，如调查贫困人口的收入水平和来源、支出水平和结构、基础设施状况和社会保障状况等，并根据调查数据进行实证分析，在实证分析基础上具体研究反贫困措施，许多具体的反贫困措施有较强的针对性，的确可以起到较好的反贫困效果，在反贫困实践中具有较强的指导意义。但诸多的实证研究更体现了理论研究的不足，随着经济和社会的发展，如何认识贫困问题、如何划定贫困线、如果更精准地瞄准贫困人口、贫困的根源问题在哪里，都有待进一步研究，在弄清楚这些理论基础问题之后，在此基础上进一步进行实证分析将更有针对性、更加精准。

二是对贫困的认识和反贫困措施更倾向于经济层面，多角度研究不够深入。从现有文献来看，中国现有的反贫困理论更多地倾向于经济层面，在诸多实证调查研究中，研究者往往主要关注贫困者的收入情况、消费支出情况、实物及营养状况、教育和卫生条件，对这些经济层面的因素进行量化分析，与之相对应的反贫困措施也更多地体现为经济层面的改善，如加大财政转移支付力度、给予税收政策优惠、实施小额信贷措施、以工代赈、劳动力培训及输出等措施，改善贫困地区的基础设施、增加收入来源、提高收入水平。自然条件恶劣、经济发展落后固然是贫困的主要原因，但鉴于贫困地区致贫原因的复杂性，反贫困主要考虑经济层面是远远不够的，有必要从社会、历史、文化、宗教、政治等多个角度和层面来认识贫困问题，这样才能更全面、更深刻、更系统地分析贫困问题，取得更好的反贫困效果。

三是针对滇桂边境地区贫困的特殊性的研究相对较弱。滇桂边境地区地处中国西南边境，是中国多个少数民族聚居区且有多个少数民族是跨境民族，所以滇桂边境地区地理位置、地形地貌、资源禀赋、历史文化、民俗民情和国际政治因素等均有其特殊性。现有的反贫困研究更多地关注自然因素，更强调技术和物质因素的作用，研究结论比较笼统单一，针对滇桂边境地区特殊致贫因素的研究相对较少，提出的反贫困对策和建议的针对性较弱，普适性的研究结论和政策的适用性大打折扣。

综上所述，从国内目前的研究现状来看，对中国边境民族地区的多维贫困问题的研究较少；从经济层面进行的研究较多，从社会、历史文化、宗教、心理等层面进行的研究较少；普适性的政策及建议较多，针对滇桂边境地区贫困的特殊性的研究结论及建议较少。鉴于此，本书对滇桂边境地区的贫困问题的分析具体分为两条主线：一条是宏观（地区）层面的，主要通过收集文献、实地走访和调查，把握滇桂边境地区的基本情况，了解滇桂边境地区贫困的总体现状和特征，从自然、经济、历史、文化等多个角度和层面来认识滇桂边境地区致贫因素及致贫机理；另一条是微观（农户）层面的，主要利用对滇桂边境地区农户调查数据，在多维贫困理论基础上，考察和测度农户的收入贫困和多维贫困，分析农户个体自身的致贫因素及致贫机理；将微观分析和宏观分析相结合，总结滇桂边境地区现有的扶贫模式，分析现有扶贫模式的不足，认清滇桂边境地区农村可持续脱贫存在的障碍，提出可持续脱贫建议。

第三节 研究目标和研究内容

一、研究目标

（一）理论目标

中国关于贫困和反贫困的研究文献数不胜数，但对滇桂边境地区进行研究的文献比较有限，从多维贫困角度开展的研究更少，从自然、经济和地理因素研究其贫困成因的文献较多，从政治、历史和文化因素认识和研究该地区贫困问题的文献较少。在总结前人研究成果基础上，对中华人民共和国成立以来尤其是改革开放以来滇桂边境地区的反贫困政策进行梳理，对滇桂边境地区的致贫因素及致贫机理进行分析，对滇桂边境地区现有的扶贫模式和经验进行总结，为滇桂边境地区反贫困政策的完善和发展提供理论支持。

（二）实践目标

受自然、历史和文化等多方面因素影响，滇桂边境地区的贫困情况既复杂又特殊。通过梳理文献、部门座谈、实地调研和深入农户进行多维贫困调查，深入分析滇桂边境地区的贫困现状和贫困原因，总结滇桂边境地区扶贫开发所取得的成绩、存在的问题和不足，找出滇桂边境地区特殊的致贫因素及致贫机理，总结滇桂边境地区的扶贫模式，为滇桂边境地区量身定制有针对性的创新性扶贫政策提供对策和建议。

二、研究内容

本书研究的目标区域为滇桂边境地区，广义来说，滇桂边境地区是指云南和广西具有边境线的边境地市、州；狭义来说，滇桂边境地区是指云南和广西具有边境线的边境县。本书在研究过程中，鉴于大边疆的视野和格局，滇桂边境地区贫困和反贫困问题的许多政策制定和资金来源在中央、省、地市（州）级，扶贫开发工作的具体实践主要集中在县级，本书将广义和狭义相结合，从边境地市、州，以及边境县和农户层面进行分析，全面反映中国滇桂边境地区的贫困状况、贫困的原因、滇桂边境地区的扶贫模式及其不足，并据此提出具有针对性的改进意见。

基于以上研究目标，本书从贫困相关理论出发，利用相关文献资料和统计数据，把握滇桂边境地区的基本情况和贫困现状及特征，结合农户调研资料，从收入贫困和多维贫困的角度对滇桂边境地区的农户贫困进行测度。在分析滇桂边境地区贫困现状和贫困测度的基础上，进一步对致贫原因及致贫机理进行分析，主要从自然、经济、文化和历史等多个角度分析贫困原因的复杂性和特殊性，并利用农户调研数据进行致贫因素及致贫机理的定量分析。然后对滇桂边境地区现有的扶贫模式进行总结，分析现有扶贫模式的不足。最后对本书内容进行总结，并对滇桂边境地区的扶贫开发提出相应的对策和建议。具体研究内容如下。

（一）多角度全面把握滇桂边境地区的贫困情况

滇桂边境地区地是中国西南大门户，也是中国通往东南亚和南亚的重要通道，边境上居住着多个跨境民族，同时也居住着多个“直过民族”，西南边境地区多是大山区，高黎贡山、布朗山、十万大山此起彼伏，同时也是多条跨界河流的流经之地，是重要的国际生态涵养区。滇桂边境地区是中国集中连片贫困分布地区，贫困规模大、贫困程度深、致贫原因复杂特殊，是扶贫工作的“硬骨头”。现有文献及研究针对滇桂边境地区的相对较少，且滇桂边境地区边境线长，大山区居多，深入调研和大范围农户调查比较困难，农户层面的微观数据相对较少，对滇桂边境地区贫困的深入研究不多。本书除了通过对农户调查数据进行定量分析，从收入贫困和多维贫困测度农户贫困程度；还通过文献资料、统计资料和深入各级政府相关部门一线进行调研和座谈所获取的一手资料，从自然、经济、历史、文化等多个角度多个层面把握滇桂边境地区的贫困总体情况。

（二）对农户进行收入贫困和多维贫困测度并进行比较

由沿边开放、兴边富民等边境地区扶贫开发，到扶持国家扶贫开发工作重点县，再到整村推进，目前我国的扶贫工作已经推进到建档立卡、精准扶贫到户，在精准扶贫的背景下，从微观的农户层面进行多维贫困测度和解析致贫原因很有必要。鉴于理论上收入贫困和多维贫困之间存在一定争议，本书借鉴贫困问题研究专家王小林的做法，既对农户的收入贫困进行了测度，也对农户的多维贫困进行了测度，并将农户收入贫困测度结果和农户多维贫困测度结果进行了比较分析。在农户收入贫困测度方面，本书主要采用 FGT 指标进行测度；在农户多维贫困测度方面，本书借鉴 Sen 的多维贫困理论和多维贫困测度方法，主要通过 A-F 方法，利用农户调查所获得的一手调研资料对滇桂边境地区的农户多维贫困进行测度。

（三）从宏观层面对滇桂边境地区致贫因素及致贫机理进行分析

现有研究中，大多数学者从自然、经济和人力资本等方面分析滇桂边境地区的贫困原因，一般认为滇桂边境地区的贫困主要是自然环境恶劣、基础设施差和受教育程度不高造成的，但滇桂边境地区地理位置特殊，贫困原因错综复杂。本书在分析自然因素和人力资本因素等方面的基础上，从其他几个方面分析贫困原因，这样才能对症下药，提出更全面、更细致、更系统的对策。

（四）从微观层面对滇桂边境地区致贫因素及致贫机理进行分析

滇桂边境地区的致贫因素复杂、致贫机理错综复杂，除了宏观层面的外在因素之外，农户自身的相关因素也是重要的致贫因素。本书利用农户调查资料，在对农户进行收入贫困测度和多维贫困测度的基础上，通过建立 Logit 模型，分别对农户收入贫困和多维贫困的致贫因素进行了量化分析，进一步总结了滇桂边境地区微观（农户）层面的致贫因素及致贫机理。

（五）对滇桂边境地区的扶贫模式进行总结

近些年来，党和政府逐步加大对落后地区的扶贫投入，把减贫工作作为实现全面小康社会的一项重要工作来抓，尤其是对更加落后的民族地区更是下了真功夫，花了大力气，云南和广西各级政府也积极配合中央的扶贫工作，多方筹措资金，多方调集扶贫力量，从多角度加大对滇桂边境地区的扶贫力度，滇桂边境地区涌现了多种扶贫模式。本书对滇桂边境地区的扶贫模式进行了归纳，根据滇桂边境地区的特殊致贫因素和致贫机理，进一步对滇桂边境地区扶贫模式进行了评价，在总结经验教训的基础上，寻找现有扶贫模式的不足，为滇桂边境地区的扶贫模式的完善提出更加具有针对性的建议。

（六）对滇桂边境地区可持续脱贫存在的障碍进行分析

在总结以往滇桂边境地区农村扶贫经验的基础上，进一步分析可持续脱贫面临的形势、存在的障碍，在此基础上提出滇桂边境地区农村可持续脱贫的对策。

第四节　技术路线和研究方法

一、技术路线

首先，对多维贫困的理论及实证研究进行回顾；对致贫因素及致贫机理进行归纳，对滇桂边境地区贫困和反贫困的相关问题研究进行梳理和总结。其次，对滇桂边境地区农村贫困的总体情况进行分析，利用农户调查数据对滇桂边境地区的农户收入贫困和多维贫困进行测度并进行比较。再次，对致贫因素及致贫机理进行理论上的分析，先根据滇桂边境地区农村的实际情况对致贫因素及致贫机理进行一般分析，再根据理论分析和一般分析，利用农户调查数据对致贫因素进行实证分析。最后，对滇桂边境地区的扶贫模式进行梳理，并对滇桂边境地区的扶贫模式取得的成效和存在的不足进行分析，就扶贫模式的完善提出相应的思路。在上述研究基础上提出针对滇桂边境地区扶贫开发的建议。具体的研究思路及技术路线如图 1-1 所示。

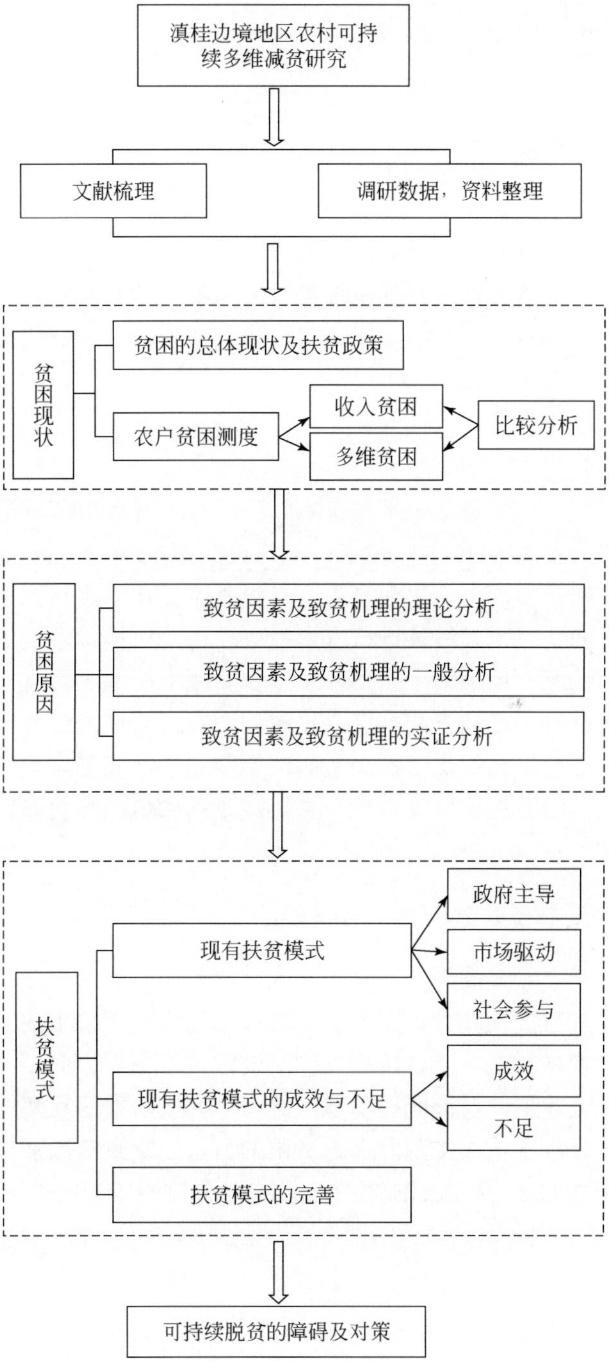
滇桂边境地区农村可持续多维减贫研究
文献梳理
调研数据，资料整理
贫困现状
贫困的总体现状及扶贫政策
农户贫困测度
收入贫困
多维贫困
比较分析
贫困原因
致贫因素及致贫机理的理论分析
致贫因素及致贫机理的一般分析
致贫因素及致贫机理的实证分析
扶贫模式
现有扶贫模式
政府主导
市场驱动
社会参与
现有扶贫模式的成效与不足
成效
不足
扶贫模式的完善
可持续脱贫的障碍及对策

图 1-1　技术路线图

二、研究方法

（一）文献研究法

搜集国内外文献和政策资料并归纳梳理，从对贫困的认识和贫困的测量出发，进一步挖掘多维贫困的理论基础和测度方法，并对采用多维贫困方法的实证研究进行回顾；对致贫因素及致贫机理进行较为全面的回顾和总结，对有关滇桂边境地区的贫困和反贫困问题的文献进行归纳和整理，从而对滇桂边境地区的贫困和反贫困问题有大体的认识。

（二）实地调查法

2017 年 1 ~ 2 月、7 ~ 8 月，研究团队前往广西防城港市防城区和云南德宏傣族景颇族自治州（简称德宏州）芒市、梁河县各级相关部门进行调研，到广西防城港市防城区和云南德宏州梁河县进行村级座谈，在广西防城港市防城区、崇左市凭祥市和云南德宏州梁河县进行农户调查。通过实地调研，了解了滇桂边境地区的贫困总体情况，也了解了扶贫开发工作实践中的现实困难；通过到村委会座谈和深入农户进行一线调查和重点农户典型调查，掌握了许多第一手资料，了解了微观层面基层组织在扶贫工作中是如何实践的、现实工作中有哪些困难，农户自身对扶贫工作的看法，以及农户自身经济条件和精神面貌如何，为本书的撰写积累了丰富的素材。

（三）定性研究与定量研究相结合

借鉴前人的相关研究成果，利用多种统计资料和田野调查资料，对滇桂边境地区的贫困状况进行定性描述，对社会、历史、文化等致贫因素进行定性研究。定量研究主要体现在对农户的贫困测度和致贫因素的分析方面，本书采用 A-F 方法，利用农户调查数据，对滇桂边境地区的农户的收入贫困和多维贫困进行定量研究，并进一步分析了收入贫困和多维贫困的关系。在致贫因素分析上，利用农户调查数据，建立 Logit 模型，对贫困的影响因素进行定量分析，据此提出针对性建议。

（四）比较分析法

比较分析法主要体现在两个方面：一方面是地区间的比较；另一方面是收入贫困和多维贫困的比较。就地区间的比较来说，云南边境地区和广西边境地区都是边境地区，都是多个少数民聚居区，都有多个少数民族跨境而居，云南边境地区和广西边境地区的贫困情况及贫困原因既有相似之处，也有不同之处，通过比较分析，把握不同边境地区的贫困现状，分析其内在差异。就收入贫困和多维贫困的比较来说，有的学者认为贫困问题最终都指向经济问题，要解决贫困问题主要是要提高收入，只要提高收入，其他问题自然能够缓解；有的学者认为应该从多维角度来认识贫困，除了收入以外，还应该关注教育、健康等维度。本书将收入贫困和多维贫困（剔除收入维度的其他维度）分开进行研究，再将研究结果进行对比分析，为滇桂边境地区农村的扶贫瞄准精准化提供依据。

第二章　滇桂边境地区农村贫困现状及扶贫政策

第一节　滇桂边境地区的基本经济状况

一、滇桂边境地区的区位特征

从行政区划来看，滇桂边境地市、州共有11个，其中云南有8个，广西有3个。在11个边境地市、州中，拥有边境线的县市共33个，其中云南有25个，广西有8个。滇桂边境地区的11个地市、州的地理形态以山区为主，从西北往东南分布有高黎贡山、怒山、布朗山、无量山、哀牢山、六诏山、四方岭和十万大山。云南和广西共有4个集中连片特困区：滇西边境山区、乌蒙山区、迪庆藏区、滇桂黔石漠化地区。滇桂边境地区主要集中在滇西边境山区和滇桂黔石漠化地区，全国592个国家扶贫开发工作重点县中，云南有73个，云南边境地区共有38个县是贫困县，广西8个边境县中有3个是国家扶贫开发工作重点县。由此可见，滇桂边境地区的贫困比较突出且集中，脱贫难度大，有必要进一步对滇桂边境地区的贫困进行详细分析，采取更加精准的扶贫手段，打好脱贫攻坚战。

二、滇桂边境地区的人口特征

滇桂边境地区地形地貌不同，经济发展水平不同，不同区域的人口特征差别也很大。据表2-1，从人口总数上看，红河哈尼族彝族自治州（简称红河州）人口总数最多，468.10万人；其次是百色市和文山壮族苗族自治州（简称文山州），分别为417.17万人和362.10万人；人口总数最少的是怒江傈僳族自治州（简称怒江州），为54.40万人。从人口密度来看，人口密度最高的地区是防城港市，为156.48人/km^2；其次是崇左市和红河州，分别为143.99人/km^2和142.28人/km^2，这三个地区与全国的人口密度143.52人/km^2的水平比较接近；人口密度最低的地区是怒江州，为37.01人/km^2，约为全国平均密度的1/4；其次是普洱市和西双版纳傣族自治州（简称西双版纳州），分别为57.64人/km^2和61.36人/km^2。人口密度很低且居住很分散往往意味着基础设施建设和公共服务成本高，脱贫压力大，这是在扶贫工作中需要特别考虑的。从人口性别比来看，全国人口的男女性别比为1.05，防城港市、怒江州、崇左市、普洱市和临沧市的人口的男女性别比在1.10及以上水平，男女性别不平衡大，通常意味着男性娶妻困难，其家庭贫困的可能性增加。从人口自然增长率来看，防城港市最高，9.94‰；其次是德宏州、怒江州和崇左市。防城港市区位和自然条件较好，经济状况较好，人口自然增长率较高也许是合理的。但怒江州和崇左市自然条件较差，生存环境比较恶劣，人口自然增长率较高，必然为脱贫带来更大压力。

表2-1 2016年全国与滇桂边境地区人口特征

省份	地市、州	土地面积/万km^2	人口总数/万人	分性别人口数及性别比			人口密度/(人/km^2)	人口自然增长率/‰
				男/万人	女/万人	男女性别比		
云南	保山市	1.96	259.70	133.20	126.50	1.05	132.50	5.95
	普洱市	4.54	261.70	137.80	123.90	1.11	57.64	6.52
	临沧市	2.45	252.00	132.20	119.80	1.10	102.86	6.81
	红河州	3.29	468.10	243.50	224.60	1.08	142.28	6.72
	文山州	3.22	362.10	189.20	172.90	1.09	112.45	6.97
	西双版纳州	1.91	117.20	60.70	56.50	1.07	61.36	6.57
	德宏州	1.15	129.40	66.70	62.70	1.06	112.52	7.60
	怒江州	1.47	54.40	28.80	25.60	1.13	37.01	7.53
广西	防城港市	0.62	97.20	52.61	44.59	1.18	156.77	9.94
	百色市	3.63	417.17	217.30	200.04	1.09	114.92	6.39
	崇左市	1.74	250.54	132.25	118.29	1.12	143.99	7.16
全国		963.41	138 271	70 815	67 456	1.05	143.52	5.86

资料来源：根据《中国统计年鉴2017》《广西统计年鉴2017》《云南统计年鉴2017》整理

三、滇桂边境地区的经济特征

（一）滇桂边境地区的GDP及产业分布

从GDP角度来看（表2-2），滇桂边境地区的经济总量小，人均GDP低。2016年，全国GDP为744 127.2亿元，全国人均GDP为53 980元，滇桂边境地区的人均GDP远低于全国平均水平，尤其是云南。从表2-2中边境地市、州的人均

GDP来看，云南除西双版纳州和红河州的人均GDP超过全国人均GDP一半以外，其他地市、州人均GDP刚超过20 000元，如保山市、普洱市等；广西边境地区的经济水平相对较高，尤其是防城港市，人均GDP为73 188元，远超全国平均水平，但百色市和崇左市的经济状况不乐观，人均GDP分别为30 881元和37 161元。

表2-2　2016年全国与滇桂边境地区GDP及产业分布

省份	地市、州	GDP/亿元	三次产业产值及比例						人均GDP/元
			第一产业/亿元	比例/%	第二产业/亿元	比例/%	第三产业/亿元	比例/%	
云南	保山市	612.39	151.32	24.71	213.03	34.79	248.04	40.50	23 654
	普洱市	567.54	152.26	26.83	195.40	34.43	219.88	38.74	21 737
	临沧市	550.82	154.67	28.08	185.77	33.73	210.38	38.19	21 906
	红河州	1 333.79	214.30	16.07	601.33	45.08	518.16	38.85	28 588
	文山州	735.88	155.58	21.14	262.64	35.69	317.66	43.17	20 362
	西双版纳州	366.03	92.22	25.20	98.61	26.94	175.20	47.86	31 338
	德宏州	323.55	78.05	24.12	79.06	24.44	166.44	51.44	25 150
	怒江州	126.46	20.00	15.81	37.87	29.95	68.59	54.24	23 289
广西	防城港市	676.04	82.60	12.22	386.26	57.13	207.18	30.65	73 188
	百色市	1 114.31	182.25	16.36	594.73	53.37	337.33	30.27	30 881
	崇左市	766.20	167.66	21.88	310.69	40.55	287.85	37.57	37 161
全国		744 127.2	63 670.7	8.56	296 236.0	39.81	384 220.5	51.63	53 980

资料来源：《云南统计年鉴2017》《广西统计年鉴2017》《中国统计年鉴2017》

从三次产业结构来看（图2-1），2016年，就全国平均水平而言，第一产业比例8.56%，第二产业比例39.81%，第三产业比例51.63%。滇桂边境地区三次产业比例与全国相比较，滇桂边境地区第一产业比例较大，第三产业比例较小，发展不足。第一产业比例较大，说明农业依然是滇桂边境地区农民收入的主要来源之一，但农业发展受自然条件约束多、生产周期长、市场风险等因素影响，农业生产脆弱、附加值低，农民增收有限。

（二）滇桂边境地区居民收入情况

据表2-3、图2-2和图2-3，就居民年人均可支配收入水平而言，与全国平均水平相比较，2016年，滇桂边境地区无论是城镇居民年人均可支配收入，还是农村居民年人均可支配收入均低于全国平均水平。其中，防城港市城镇居民和农村居民年人均可支配收入均为最高，与全国平均水平差别不大；城镇居民年人均

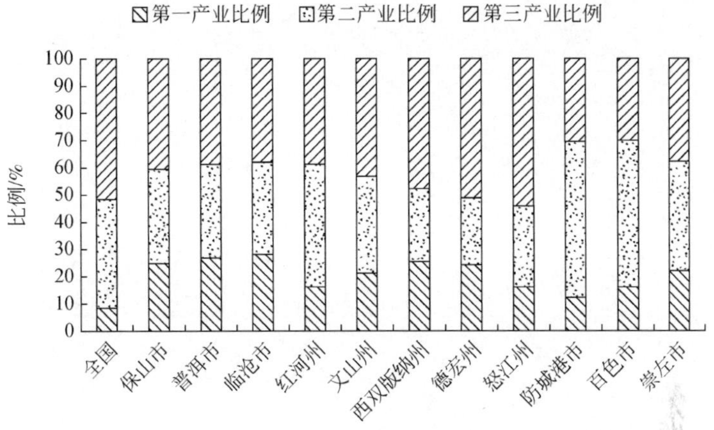

图 2-1　2016 年全国与滇桂边境地区 GDP 及三次产业比例分布

资料来源：《云南统计年鉴 2017》《广西统计年鉴 2017》《中国统计年鉴 2017》

可支配收入最低的地区是怒江州，为 20 271 元，约为全国城镇居民年人均可支配收入的 61.6%；农村居民年人均可支配收入最低的也是怒江州，为 5299 元，不到全国农村居民可支配收入 12 363 元的一半。因此，怒江州的贫困状况最为突出，除了怒江州外，普洱市、临沧市、文山州、德宏州的居民年人均可支配收入也远低于全国平均水平。

表 2-3　2016 年全国与滇桂边境地区城镇居民和农村居民年人均可支配收入及对比

省份	地市、州	城镇居民		农村居民		农村居民与城镇居民收入比/%
		人均收入/元	增长率/%	人均收入/元	增长率/%	
云南	保山市	27 801	8.4	9 426	10.0	33.9
	普洱市	24 795	8.6	8 669	9.5	35.0
	临沧市	23 072	8.7	8 914	10.5	38.6
	红河州	28 342	9.0	9 449	9.9	33.3
	文山州	25 778	8.5	8 403	9.1	32.6
	西双版纳州	25 233	8.3	11 049	9.6	43.8
	德宏州	24 943	8.4	8 659	9.4	34.7
	怒江州	20 721	9.0	5 299	10.6	25.6
广西	防城港市	29 758	7.9	12 113	10.2	40.7
	百色市	26 919	7.5	9 348	10.6	34.7
	崇左市	26 605	8.0	9 801	9.9	36.8
全国		33 616	7.8	12 363	8.2	36.8

资料来源：《云南统计年鉴 2017》《广西统计年鉴 2017》《中国统计年鉴 2017》

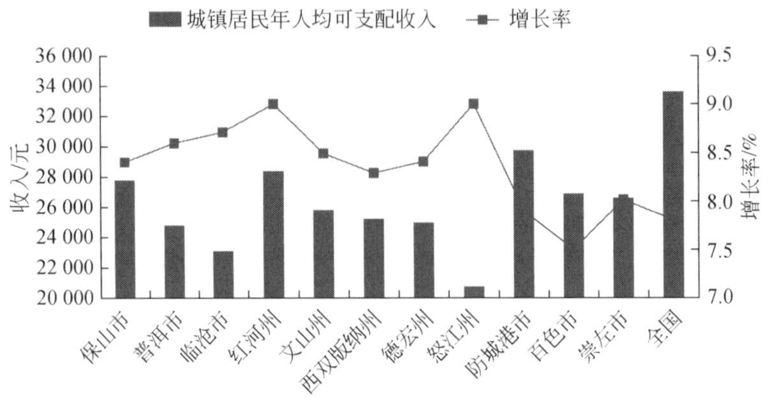

图 2-2　2016 年全国与滇桂边境地区城镇居民年人均可支配收入及增长率

资料来源：《云南统计年鉴 2017》《广西统计年鉴 2017》《中国统计年鉴 2017》

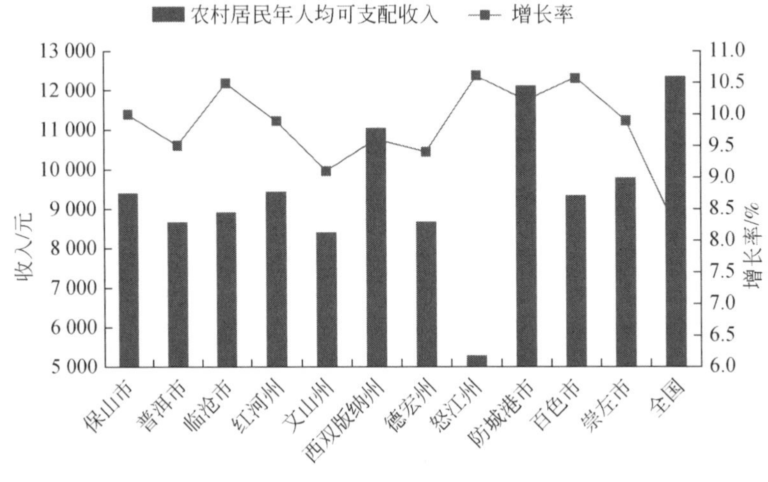

图 2-3　2016 年全国与滇桂边境地区农村居民年人均可支配收入及增长率

资料来源：《云南统计年鉴 2017》《广西统计年鉴 2017》《中国统计年鉴 2017》

从城镇居民和农村居民年人均可支配收入增长率的比较来看（表 2-3），2016 年，各地区农村居民年人均可支配收入增长率明显高于城镇居民年人均可支配收入增长率。其中，保山市、临沧市、怒江州、防城港市、百色市的农村居民年人均可支配收入增长率在 10% 及以上，说明近年来，中国农村扶贫投入力度较大，农村居民收入增长相对较快。

从城镇居民收入和农村居民收入差距来看（图 2-4），2016 年，全国农村居民与城镇居民年可支配收入比为 36. 8%。就滇桂边境地区而言，农村居民与城镇居民收入差距最大的地区是怒江州，农村居民与城镇居民年人均可支配收入比为25.6%。

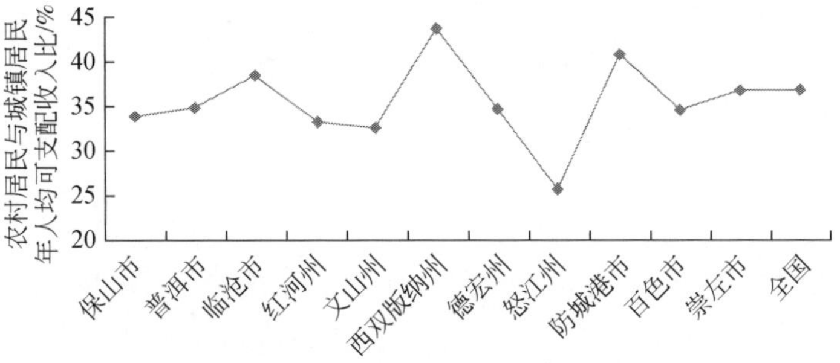

图2-4　2016年全国与滇桂边境地区农村居民与城镇居民年人均可支配收入比

资料来源：《云南统计年鉴2017》《广西统计年鉴2017》《中国统计年鉴2017》

根据以上分析可以看出，怒江州的GDP最低，居民年人均可支配收入水平最低，同时城乡居民收入差距也最大。

（三）地方财政自给程度

地方财政收入是地方财力的表现，扶贫工作需要大量的财政投入，公共预算财政支出的高低意味着地方政府可施展空间的大小，公共预算财政支出通常意味着地方的财政刚性支出，是维持地方事业正常运转的需要，财政自给率反映了地方政府的财政自我满足程度。据统计（表2-4、图2-5），2016年，全国的平均财政自给率水平为54.41%，滇桂边境地区除了防城港市的财政自给率为59.26%略高于全国平均水平外，其他地市、州的财政自给率均远远低于全国平均水平，红河州和百色市财政自给率在30%以上，文山州、普洱市、德宏州、保山市、西双版纳州、崇左市财政自给率均不足30%，而临沧市和怒江州财政自给率分别为17.93%和11.35%，不足20%。通过滇桂边境地区的财政自给率与全国平均财政自给率相比较，滇桂边境地区的财政收入远远满足不了地方公共预算财政支出的需要，滇桂边境地区地方政府对中央财政的依赖度很高，扶贫资源的投入依靠地方政府投入远远不够。

表2-4　2016年全国与滇桂边境地区财政收入与公共预算财政支出

省份	地市、州	财政收入/亿元	公共预算财政支出/亿元	财政自给率/%
云南	保山市	57.51	212.65	27.04
	普洱市	50.06	245.72	20.37
	临沧市	38.27	213.39	17.93

续表

省份	地市、州	财政收入/亿元	公共预算财政支出/亿元	财政自给率/%
云南	红河州	133. 10	378. 79	35. 14
	文山州	54. 69	272. 23	20. 09
	西双版纳州	30. 48	117. 31	25. 98
	德宏州	32. 61	134. 26	24. 29
	怒江州	9. 46	83. 35	11. 35
广西	防城港市	75. 61	127. 60	59. 26
	百色市	123. 22	341. 16	36. 12
	崇左市	58. 20	202. 87	28. 69
全国		87 239. 35	160 351. 36	54. 41

资料来源：《云南统计年鉴 2017》《广西统计年鉴 2017》《中国统计年鉴 2017》

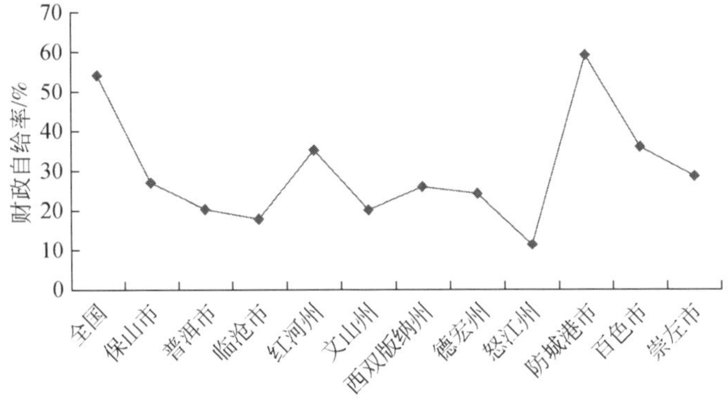

图 2-5　2016 年全国与滇桂边境地区财政自给率

资料来源：《云南统计年鉴 2017》《广西统计年鉴 2017》《中国统计年鉴 2017》

第二节　滇桂边境地区农村贫困的现状及特征

一、滇桂边境地区农村贫困的现状

（一）贫困发生率

由于多方面的原因，与其他贫困地区相比，滇桂边境地区贫困面比较大，贫困程度比较深。通过大力度的扶贫工作，滇桂边境地区农村减贫成效突出，但普洱市、红河州、怒江州、百色市和崇左市的农村贫困发生率相对较高，脱贫任务繁重（表2-5）。

表2-5　全国与滇桂边境地区农村贫困发生率

省份	地市、州	统计年份	贫困人口/万人	贫困发生率/%	统计年份	贫困人口/万人	贫困发生率/%
云南	保山市	2012	43. 11	19. 00	2016	15. 15	6. 78
	普洱市	2012	64. 90	30. 40	2016	35. 84	18. 91
	临沧市	2015	20. 13	9. 85	2017	8. 61	5. 05
	红河州	2014	71. 65	19. 71	2017	—	13. 10
	文山州	2015	—	11. 33	2016	—	8. 48
	西双版纳州	2011	11. 36	17. 50	2017	—	4. 30
	德宏州	2011	—	20. 80	2017	8. 83	8. 78
	怒江州	2011	—	71. 00	2016	14. 20	38. 24
广西	防城港市	2015	3. 43	3. 59	2016	—	2. 80
	百色市	2015	—	20. 25	2016	—	14. 66
	崇左市	2015	—	18. 70	2017	25. 70	13. 30
全国		2015	5575	5. 70	2016	4335	4. 50

资料来源：保山：精准脱贫攻坚正酣（砥砺奋进的五年·脱贫攻坚），保山日报网，http://www. baoshandaily. com/html/20170920/content_150586978153101. html；普洱市贫困发生率从30. 4%下降到18. 91%，云南网，http://www. yunnan. cn/html/2018-01/19/content_5050564. htm；临沧：聚力精准施策因地制宜抓实产业扶贫，人民网，http://yn. people. com. cn/n2/2018/0608/c372451-31682816. html；云南红河：2017年全州13. 14万人口脱贫，国务院扶贫开发领导小组办公室，http://www. cpad. gov. cn/art/2018/5/21/art_5_84108. html；累计减贫88. 88万人云南红河晒出脱贫攻坚成绩单，新浪网，http://yn. sina. com. cn/news/m/2020-07-08/detail-iircuyvk2697823. shtml；文山州合力脱贫攻坚显实效，人民网，http://yn. people. com. cn/GB/n2/2017/0317/c372451-29869793. html；西双版纳州农民人均纯收入3年增长72%基诺族已整体脱贫，搜狐网，https://www. sohu. com/a/24034164_115092,2015. 07. 23 Đu20113；云南西双版纳州脱贫攻坚成效显著，中国民族宗教网 http://www. mzb. com. cn/html/report/181132302-1. htm；德宏3年来投入35亿扶贫 实现10余万农村人口脱贫，人民网，http://www. msweekly. com/show. html? id=49321；德宏州2017年经济运行情况报告，德宏傣族景颇族自治州人民政府，http://www. dh. gov. cn/Web/_F0_0_046TUJXLX139R0N1KU7K14ZVL6. htm；【喜迎十九大】怒江：贫困发生率5年下降近33%，东方网，http://news. eastday. com/eastday/13news/auto/news/china/20171009/u7ai7139260. html；聚焦脱贫攻坚战场啃下深度贫困"硬骨头"——我市脱贫攻坚工作成效扫描，防城港市新闻网，http://www. fcgsnews. com/news/hot/2018-10-17/113542. shtml? from=groupmessage&isappinstalled=0；百色市脱贫攻坚直击：贫困发生率下降的背后，广西新闻网，http://www. gxnews. com. cn/staticpages/20170316/newgx58c9f687-16025182. shtml；崇左建市十五年经济社会发展亮点，人民网，http://gx. people. com. cn/n2/2018/0807/c372296-31906740. html；《中国农村贫困监测报告2016》

注："—"表示数据缺失

（二）贫困分布

从集中连片特困地区层面来看，结合中国14个集中连片特困地区来分析，滇桂边境地区的贫困地区主要分布在滇西边境山区和滇桂黔石漠化地区。具体来看，滇桂边境地区的保山市、普洱市、临沧市、红河州、西双版纳州、德宏州、怒江州均有部分或全部县市属于滇西边境山区，广西的百色市、崇左市和云南的红河州、文山州的县市属于滇桂黔石漠化片区。

从地市、州层面来看，由表2-5可以看出，滇桂边境地区的贫困人口主要集中在云南普洱市、红河州、怒江州和广西百色市和崇左市。从贫困发生率的高低来看，截至2016年年底，贫困发生率在10%以上的地区是普洱市、红河州、怒江州、百色市和崇左市。

从村级层面来看，根据云南省人民政府扶贫开发办公室2014年9月发布的《关于云南省确定贫困乡(镇)、贫困村的公告》中显示，全省有476个贫困乡、4277个贫困村。在全省16个地市、州的4277个贫困村中，8个边境地市、州的贫困村共1989个，除去贫困村最多的昭通市，8个边境地市、州的贫困村数占全省贫困村总数的一半以上。滇桂边境地区的贫困村主要分布在红河州、普洱市、文山州、临沧市、保山市和怒江州，具体分布如表2-6和图2-6所示。

表2-6　云南贫困村数量及分布

地市、州	昭通市	红河州	曲靖市	普洱市	文山州	大理州	临沧市	楚雄州	保山市	怒江州	昆明市	迪庆州	丽江市	德宏州	玉溪市	西双版纳州
贫困村/个	825	527	475	368	329	300	241	220	207	181	172	120	101	90	75	46

数据来源：云南4753个贫困乡村公示7天验真身，为其建档立卡，昆明信息港，https://www.kunming.cn/news/c/2014-09-11/3693404.shtml

注：大理白族自治州，简称大理州；楚雄彝族自治州，简称楚雄州；迪庆藏族自治州，简称迪庆州

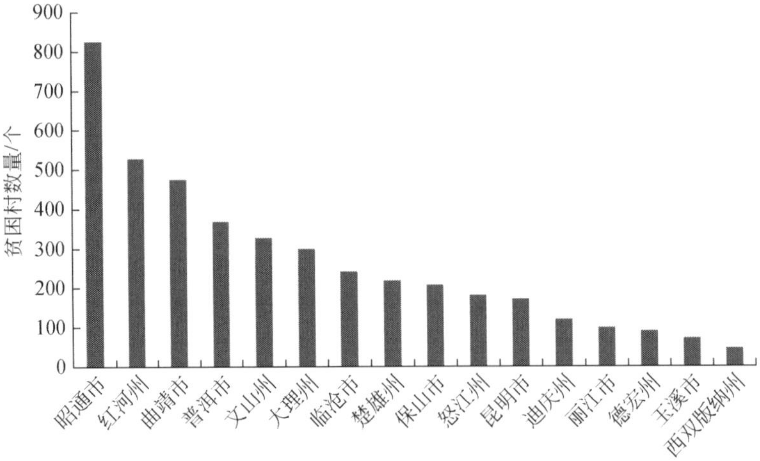

图2-6　云南贫困村数量及分布

广西贫困村、贫困人口主要分布见表2-7，广西边境地区的贫困村和贫困人口主要分布在百色市（图2-7）。

表2-7　广西各地市贫困人口总数分布

地市	贫困户总数/户	贫困人口总数/人	贫困村总数/个
南宁市	109 431	406 465	421
柳州市	84 935	328 683	313
桂林市	80 524	283 568	499
梧州市	58 663	243 064	265
北海市	10 254	43 770	79
防城港市	8 352	34 288	81
钦州市	38 645	169 829	301
贵港市	71 543	296 322	360
玉林市	100 870	432 839	442
百色市	172 542	681 668	754
河池市	176 870	691 433	684
贺州市	69 681	293 502	267
来宾市	73 154	272 883	247
崇左市	88 766	341 872	287

资料来源：全区各县（市、区）贫困人口总数分布表，广西壮族自治区扶贫开发办公室网站，http://www.gxfp.gov.cn/html/2016/zlk_0823/131.html

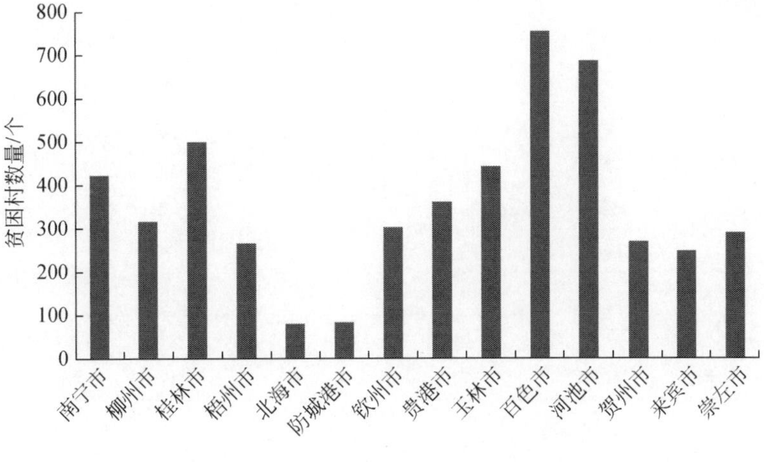

图2-7　广西各地市贫困人口总数分布

资料来源：同表2-7

二、滇桂边境地区农村贫困的特征

（一）贫困发生率相对较高

从表 2-8 可以看出，2016 年年底，14 个集中连片特困地区的贫困人口数为 2182 万人。在 14 个集中连片特困地区中，贫困人口数量最多的地区为滇桂黔石漠化区，贫困发生率在 11.9% 及以上的地区由高到低依次为：乌蒙山区、吕梁山区、西藏区、四省藏区、新疆南疆三地州、六盘山区、滇西边境山区、滇桂黔石漠化区。从片区分布来看，滇桂边境地区主要贫困地区是滇西边境山区和滇桂黔石漠化区的重要组成部分，属于贫困人口较多、贫困发生率较高的地区。

表 2-8　2016 年农村贫困人口变动及片区对比

区域	贫困人口			贫困发生率	
	数量/万人	下降人数/万人	下降幅度/%	贫困发生率/%	下降百分点
全国农村地区	4335	1240	22.2	4.5	1.2
全部片区	2182	693	24.1	10.5	3.4
六盘山区	215	66	23.4	12.4	3.8
秦巴山区	256	90	25.9	9.1	3.2
武陵山区	285	95	26.0	9.7	3.2
乌蒙山区	272	101	27.1	13.5	5.0
滇桂黔石漠化区	312	86	21.6	11.9	3.2
滇西边境山区	152	40	20.8	12.2	3.3
大兴安岭南麓山区	46	13	22.0	8.7	2.4
燕山-太行山区	99	23	18.9	11.0	2.5
吕梁山区	47	11	19.0	13.4	3.0
大别山区	252	89	26.1	7.6	2.8
罗霄山区	73	29	28.4	7.5	2.9
西藏区	34	14	29.2	13.2	5.4
四省藏区	68	20	22.7	12.7	3.8
新疆南疆三地州	73	17	18.9	12.7	3.0

资料来源：《中国农村贫困监测报告 2017》

根据前面对滇桂边境地区贫困发生率的分析来看，滇桂边境地区的许多地方贫困发生率约为全国农村贫困发生率的 3 倍。例如，2016 年普洱市的贫困发生率高达18.91%，怒江州高达38.24%，百色市高达14.66%；2017年红河州的贫困发生率依然高达13.10%，崇左市贫困发生率依然高达13.30%。这几个地市、州的贫困发生率远远高于2016年全国农村贫困发生率4.5%。

结合前文对滇桂边境地区的人均GDP和农村居民年可支配收入进行分析，除了防城港市以外，其他市、州的人均GDP和农村居民年可支配收入都远低于全国平均水平，尤其是怒江州，人均GDP和农村居民年可支配收入都不到全国平均水平的一半，是典型的深度贫困地区。

（二）集中与分散特征并存

滇桂边境地区的贫困人口主要分布在滇西边境山区和滇桂黔石漠化区，有明显的集中分布特征。滇桂边境地区的11个地市、州的地理形态以山区为主，从西北往东南，分布有高黎贡山、怒山、布朗山、无量山、哀牢山、六诏山、四方岭和十万大山，云南和广西的贫困人口主要分布在高寒山区、深山区和滇桂黔石漠化地区。从滇桂边境地区的行政区划来看，云南文山州所辖8个县市都是国家扶贫开发工作重点县，广西百色市所辖12个县市区中有9个是国家扶贫开发工作重点县，文山州和百色市相连，属于滇桂黔石漠化区，云南怒江州所辖4个县市全部是国家扶贫开发工作重点县，临沧市所辖8个县区中有7个是国家扶贫开发工作重点县，普洱市所辖10个县区中有8个是国家扶贫开发工作重点县。因此，滇桂边境地区的贫困具有明显的集中分布的特征。

从广西边境地市的贫困人口分布来看（表2-9），防城港市地处东南沿海，具有较好的区位优势和港口条件，总体来说贫困人口较少，防城港市的贫困人口主要分布在防城区和上思县，是十万大山坐落的地方；百色市是典型的石漠化地区，贫困村、贫困户和贫困人口最多，所辖的每个县的贫困人口都不少，最多的分布在靖西县，有贫困村123个、贫困户31 163户、贫困人口125 872人。崇左市贫困人口主要分布在大新县、宁明县、龙州县和天等县。总体而言，广西边境地区的贫困人口从东南沿海向西北内陆地区逐步增加，这充分说明地理位置对贫困的影响。

表2-9　2015年广西边境地市、州贫困人口分布

地区	贫困户/户	贫困人口/人	贫困村/个
防城港市	8 352	34 288	81
东兴市	730	2 780	4
防城区	2 985	12 599	42
港口区	661	2 436	3
上思县	3 976	16 473	32

续表

地区	贫困户/户	贫困人口/人	贫困村/个
百色市	172 542	681 668	754
德保县	18 858	70 297	80
靖西县	31 163	125 872	123
乐业县	9 573	39 429	43
凌云县	11 325	48 078	53
隆林县	19 006	79 553	88
那坡县	13 670	53 768	59
平果县	13 616	51 768	54
田东县	13 276	52 109	53
田林县	13 512	54 595	68
田阳县	14 266	50 541	52
西林县	7 086	28 911	41
右江区	7 191	26 747	40
崇左市	88 766	341 872	287
大新县	16 815	64 961	48
扶绥县	7 698	25 042	40
江州区	7 983	27 763	36
龙州县	14 018	50 828	47
宁明县	17 562	71 949	52
凭祥市	2 783	10 256	10
天等县	21 907	91 073	54

资料来源：同表2-7

注：2015年8月1日，撤销靖西县，设立县级靖西市

滇桂边境地区的贫困除了具有典型的大集中特征外，小分散特征也很明显。滇桂边境地区地质地貌复杂，农户的贫困状况通常与自然和地理条件联系紧密，有的地区总体经济发展不错，但局部山区地质条件差、交通不便、生存环境恶劣，依然有较多的贫困户。以笔者深入调研的防城港市和德宏州为例，防城港市位于广西东南沿海，具有优越的地理条件，港口经济发展很不错，是滇桂边境地区经济最发达的地方，居民收入也最高，贫困发生率在3%以下，但笔者到防城港市防城区那良镇进行调研，发现当地山高地陡，人均耕地非常少，交通不便，收入低下，生活成本较高，贫困问题依然突出，尤其是当地生活在高山上的瑶族贫困更加明显；从那良镇再往西，峒中镇处于内陆深处，贫困形势更为严峻；德

宏州是云南边境地区经济发展较好的地区，总体而言，全州贫困面和贫困程度与其他地区相比略好一些，瑞丽市是中国西南沿边开放的桥头堡，近些年发展得相对较好，德宏州所辖的瑞丽市、芒市、梁河县、盈江县、陇川县 5 个县市中，唯有梁河县没有边境线，相对处于内陆，是德宏州唯一的国家扶贫开发工作重点县。因此，滇桂边境地区的贫困除了具有典型的大集中特征外，也具有小分散特征。

（三）少数民族贫困特征突出

广西是全国少数民族人口最多的省区，少数民族人口约占 38%，云南是中国少数民族种类最多的省份，且云南地区的少数民族具有特殊性，有 8 个人口较少的民族，有 9 个民族是“直过民族”，有 16 个民族跨境而居。滇桂边境地区的贫困人口主要集中在山区和石漠化地区，云南 7 个人口较少的民族基本上都居住在大山区，是贫困的重灾区。以云南文山州为例，文山州位于中国西南边陲的云南省东南部，境内有 20 多个少数民族，2016 年末少数民族人口占总人口 57.9%，文山州所辖的 8 个县市全部属于国家扶贫开发工作重点县。广西百色市常住人口中，各少数民族人口约占 85%。云南怒江州有 92.2% 的人口是少数民族，怒江州是连片深度贫困地区，条件最为恶劣，经济发展最为落后，生态也最脆弱，是脱贫攻坚最硬最难啃的“骨头”。百色市所辖 12 个县市区中，除了右江区、田阳县和平果县 3 个县区外，另外 9 个县市区都属于国家扶贫开发工作重点县。

根据笔者在广西防城港市防城区和云南德宏州梁河县调研了解的情况，“十二五”期间，防城区有 54 个村被定为自治区级贫困村，占本区村总数的 38.3%，这些贫困村基本上是边境山区少数民族聚居比较集中的村，此外，新成立的十万山瑶族乡群众生活水平普遍不高，贫困面相当大[①]。2016 年年底，梁河县 46 个贫困村民小组中山区有 34 个，占总数的 73.9%，坝区半坝区 12 个，占总数的 26.1%，现有建档立卡贫困户 5538 户，约 21 646 人，贫困发生率为 13.6%，其中少数民族 7055 人，占建档立卡贫困人口的 32.6%，在少数民族贫困人口中，傣族 4047 人，占建档立卡贫困人口的 18.7%；阿昌族 1925 人，占建档立卡贫困人口的 8.9%；景颇族 599 人，占建档立卡贫困人口的 2.8%；德昂族 118 人，占建档立卡贫困人口的 0.5%；佤族 102 人，占建档立卡贫困人口的 0.5%[②]。

---

① 数据来源于笔者到防城区调研时，由防城区政府提供的《防城港市防城区扶贫攻坚工作开展情况汇报》。

② 《梁河县扶贫办 2016 年工作总结》。

(四) 贫困脆弱性强

经过多年的扶贫开发，滇桂边境地区的贫困状况得到了很大的改善，许多条件稍好、能“扶起来”的贫困户基本上都得到有力的扶持，逐步走上了稳定脱贫的道路，实现了有效脱贫，剩下来的贫困户是脱贫攻坚的“硬钉子”，缺乏持续脱贫能力，需要工作更加细致和耐心，必须要做好打硬仗的心理准备。

根据梁河县、凭祥市和防城区的实地调研情况来看，总体来说，滇桂边境地区经济发展落后，农民收入有限，贫困发生率较高，返贫现象突出，贫困面广、贫困程度深的格局没有从根本上改变，尤其是偏远的山区贫困问题更加突出。由于缺乏持续脱贫能力，脱贫人口返贫现象严重。贫困和脱贫是一个动态过程，滇桂边境地区致贫因素复杂，一个农户可能刚刚脱贫，但抵御风险的能力还相当弱，遭遇偶发的自然灾害，或者生病等突发情况，或者家里有学生上学需要长期持续的支付学费等，都可能让全家返贫；农村家庭一旦有人吸毒，整个家庭会迅速被拖进漩涡，脱贫无望。由于致贫因素众多，贫困脆弱性强，脱贫人口返贫率高。

第三节　中国扶贫政策演进及其阶段性特征

中华人民共和国成立之初，千疮百孔、百废待兴，全国处于普遍大规模的贫困状态，农村贫困状况及反贫困进展主要受经济增长过程、收入分配差距和扶贫政策的影响。经济增长使得贫困群众有机会参与市场，从而获得经济利益，即早期的经济增长具有涓滴效应和益贫性，早期的大规模减贫有赖于中国高速的经济增长。随着经济的发展，经济增长的益贫性逐渐下降，收入分配差距扩大，贫困地区贫困人口参与市场的机会和能力被剥夺而逐步下降，贫富差距越来越大，单纯依靠市场经济的涓滴效应无法解决贫困地区的贫困问题，相对贫困问题越来越突出，专项扶贫政策和扶贫项目在减贫过程中发挥了重要作用。总体而言，我国农村的扶贫开发政策主要有救济式扶贫和开发式扶贫两种。救济式扶贫又称“输血式”扶贫，主要是利用社会安全保障网络直接对贫困个体或家庭进行救济，具体表现为直接转移式的送钱送物；开发式扶贫又称“造血式”扶贫，主要是提高贫困人口自身的能力，鼓励其自力更生、自主经营，多创造机会，增加其参与市场的机会，获取经济收益。

中国的主要贫困问题在农村，中国反贫困的历史主要体现为农村的反贫困历史。总体来看，中华人民共和国成立以来，主要经历了救济式扶贫阶段、体制改革扶贫阶段、大规模扶贫开发阶段、“国家八七扶贫攻坚计划”阶段、全面建设小康社会阶段和精准扶贫阶段。

一、救济式扶贫阶段（1949～1978 年）

自中华人民共和国成立以来到改革开放之初，中国生产力落后，物质匮乏，全国上下进行大规模建设，由于大规模贫困的存在，反贫困主要依赖经济增长，绝对贫困逐步缓和，农村实行集体经济，在分配上实行平均主义的原则，农村贫富两极分化的情况不严重，相对贫困不突出。中华人民共和国成立之初，计划经济和集体主义发挥了很大的积极作用，与中华人民共和国成立之初相比，虽然经济增长一定程度上缓和了绝对贫困，但总体而言，当时农村的贫困面很广、贫困程度很深。在改革开放之前，计划经济的低效率和集体经济平均主义大大限制了人们的积极性，严重制约了生产力的发展；在国家优先发展工业的背景下，依靠从农业和农村转移利润完成工业积累，优先满足城市居民的需要，这都加剧了农村地区的贫困；严格的城乡户籍隔离制度严重限制了劳动力的自由流动，农村的贫困状况依然很突出。在计划经济体制下，国家总体贫穷落后，财政收入有限，政府的扶贫资源少得可怜，只能针对极端贫困人口实行救济式扶贫，通常采取社会救济、自然灾害救济等方式，这些救助方式通常都是暂时性的，对于提高贫困人口的自我发展和脱贫能力作用有限，不能让贫困人口从根本上摆脱贫困状态。

二、体制改革扶贫阶段（1979～1985 年）

在物质普遍匮乏的情况之下，大力发展生产力，促进经济发展，才能实现大面积减贫。在改革开放之前，我国农村实行集体经济，缺乏明晰的产权，干多干少一个样，平均分配主义大大约束了农民的生产积极性，生产关系严重阻碍了生产力的发展。1978 年，我国开始实行家庭联产承包责任制，逐步进行了土地制度改革、农产品价格和流通的市场化改革，乡镇企业也开始异军突起。家庭联产承包责任制的实施，将农村集体土地承包到户，农民拥有所承包土地的经营权，大大提高了农民的生产积极性；农产品价格和流通的市场化改革优化了农产品的市场交易条件，保障了农民的利益；乡镇企业的发展，改变了农村单一的经济结构，就业方式更加灵活，收入来源多样化，农民的收入稳步提高，物质更加丰富，农村贫困人口大幅度降低。随着农村经济体制改革，农民收入提高，国家财政开始有盈余进行专项扶贫，1980 年，设立“支援经济不发达地区发展资金”，专门支持革命老区、少数民族地区、边远山区、贫困地区发展；1982 年，成立“三西”（河西、定西、西海固）地区农业建设领导小组，对“三西”地区进行专门的扶贫开发；1984 年，主要立足于贫困地区基础设施建设的实物形式的以工代赈。此阶段的扶贫开发主要侧重于贫困地区的基础设施建设和农业生产，为解放生产力打下了坚实的基础，农村贫困问题大大缓解。

三、大规模扶贫开发阶段（1986～1993 年）

改革开放之初，体制改革极大地解放了生产力，农村经济发展取得长足的发展，但是由于自然、历史、文化等多种因素，区域经济发展极度不平衡，同一地区内部农村收入差距也逐步拉大，贫困农民参与市场的机会和能力被剥夺，经济增长的涓滴效应和益贫性逐步降低，贫困问题逐渐凸显。1986 年，国务院成立贫困地区经济开发领导小组及其办公室，这意味着中国最大规模扶贫工作的启动，中国在全国范围内开始进行有计划、有组织、大规模的扶贫开发。在 1986 年全国人民代表大会六届四次会议中，扶贫工作被列入国民经济“七五”发展计划。这一时期的扶贫开发的特点是以区域瞄准为主，主要针对革命老区、少数民族地区、边缘地区、贫困地区进行区域开发带动扶贫，具体以县为单位进行扶贫开发，主要通过专项扶贫贷款、以工代赈和财政发展资金计划，给予各项政策优惠，充分利用贫困地区的资源，促进贫困地区的经济发展来带动贫困人口脱贫，实现贫困人口的自我积累、提高贫困人口的脱贫能力，以“造血式”扶贫为主。在此期间，国家重点贫困县农村居民家庭人均纯收入从 206 元提高到 483 元，年增长率约 13%；农村绝对贫困人口明显下降，从 1.25 亿人下降到 8000 万人，平均每年减少绝对贫困人口 640 万人，农村贫困发生率由 14.8% 下降到 8.7%。

四、“国家八七扶贫攻坚计划”阶段（1994～2000 年）

“七五”期间，经过大规模的区域扶贫开发，农村绝对贫困人口下降到 8000 万。此期间的扶贫工作以县为单位，以区域发展带动减贫，为追求经济发展效益，县级政府在利用各项扶贫政策优惠时，更多地倾向于选择附加值较高的工业，尽管县域经济有了很大的发展，但广大偏僻的农村受扶贫投入和优惠政策覆盖的相对较少，真正的贫困村、贫困户受益相对较少，许多自然条件非常恶劣的地区，如大山区、石漠化区、高寒藏区等，自然环境十分恶劣，基础设施十分落后，对扶贫资金的需求和扶贫投入之间的缺口巨大，农村贫困人口下降速度极其缓慢，扶贫难度大。针对这一情况，我国于 1994 年启动了“国家八七扶贫攻坚计划”，计划到 20 世纪末，能解决剩余 8000 万贫困人口的温饱问题，让他们脱离绝对贫困的困境。1996 年中共中央、国务院召开中央扶贫工作会议，制定了

《中共中央、国务院关于尽快解决农村贫困人口温饱问题的决定》，在“国家八七扶贫攻坚计划”期间，中央政府重新确立了592个贫困县，明确中央政府和地方政府的扶贫责任，同时加大扶贫资金投入，重点向中西部地区倾斜，扶贫开发项目主要针对贫困村和贫困户，重点进行贫困地区的饮用水、通电、道路交通等基础设施建设，普及初等义务教育和基本医疗卫生服务，广泛动员各种力量参与扶贫工作，加大扶贫力度。经过“国家八七扶贫攻坚计划”7年扎实地推进扶贫工作，到2000年年底，我国农村贫困人口的温饱问题基本解决，绝对贫困人口下降到3000万，减贫成就显著，我国农村贫困由普遍性、区域性、片状分布向点状分布转化。

五、全面建设小康社会扶贫阶段（2001~2012年）

经过“国家八七扶贫攻坚计划”，我国大面积的贫困问题基本解决，农村人口的温饱问题基本解决，但我国地域辽阔，地区差异大，由于自然、历史等多种原因，少数地区贫困问题依然突出，扶贫工作任务艰巨，要实现全国人民走向共同富裕还有很长的路要走。我国农村贫困由普遍性、区域性、片状分布向点状分布转化，针对这一贫困状况的变化，我国的扶贫政策也逐步发生了变化，扶贫对象瞄准进一步精确化。经过大规模的扶贫开发和“国家八七扶贫攻坚计划”，大量的扶贫资金投入到贫困地区，区域开发以县为主，在经济增长的动力引导下，县域经济取得了长足的发展，但乡镇以下的贫困村获得的扶贫资源相对较少。21世纪以来，随着我国贫困人口分布状况的变化，贫困人口不再集中在贫困县，贫困人口分布更加分散，贫困人口主要集中在村一级和社区级，贫困县的投入瞄准机制的缺点明显暴露出来。2001年6月，国务院出台《中国农村扶贫开发纲要（2001—2010）》（简称《纲要》），对新时期的扶贫工作提出了新的要求。《纲要》指出，中国政府要在20世纪初的10年内解决贫困人口温饱问题，进一步改善贫困地区的基本生产生活条件，巩固温饱成果，提高贫困人口的生活质量和综合素质，加强贫困乡村的基础设施建设，改善生态环境，逐步改变贫困地区经济、社会、文化的落后状况，为达到小康水平创造条件。《纲要》的颁布，意味着中国农村的扶贫开发工作进入整村推进阶段，扶贫开发工作的重点由贫困县转向贫困村。2002年，党的十六大报告提出了“全面建设小康社会”奋斗目标，对扶贫工作提出了更高的要求，扶贫工作的重点地区在西部，以贫困村为基本瞄准对象，实行整村推进。2002年，全国共选定14.8万个贫困村，覆盖了贫困人口的83%。2005年，《关于共同做好整村推进扶贫开发构建和谐文明新村工作的意见》（简称《意见》）发布，《意见》指出，在2010年之前，全面完成全国

14.8万多个贫困村扶贫规划的实施，稳定解决贫困人口温饱问题。整村推进具体以村为单位，主要实现行政村通广播电视、有条件的地方通公路，自然村通电，进一步改善人畜饮水和医疗条件，全面普及九年义务教育，进一步增加投入，强调群众参与。经过近10年的艰苦努力，全国农村贫困人口从2001年的9030万人减少到2010年的2688万人，贫困发生率从9.8%降低到2.8%，贫困地区的农民生活质量显著提高。

六、精准扶贫阶段（2013年至今）

经过整村推进扶贫开发，农村的基础设施建设水平得到有效提升，农村贫困人口得到更多实惠。随着工业化和城镇化的不断发展，农村劳动力从农村逐步转向城市，农民收入来源更加多元化，贫困状况大大缓解，绝对贫困状况越来越少，随着我国经济的不断发展，相对贫困状况越来越突出，少数地区的少数农户依然贫困，人们对生活水准的要求更高，对我国的扶贫工作提出了更高的要求。2011年12月，中共中央、国务院印发了《中国农村扶贫开发纲要（2010—2020)》(简称《纲要》),《纲要》指出，到2020年，稳定实现扶贫对象不愁吃、不愁穿，保障其义务教育、基本医疗和住房。贫困地区农民人均纯收入增长幅度高于全国平均水平，基本公共服务主要领域指标接近全国平均水平，扭转发展差距扩大趋势。2012年11月15日，十八届中央政治局常委与中外记者的见面会上，习近平指出“人民对美好生活的向往，就是我们的奋斗目标”。没有农村的小康，特别是没有贫困地区的小康，就没有全面建成小康社会。

2013年11月3日，习近平来到湖南湘西自治州花垣县十八洞村同村民座谈，习近平首次提出精准扶贫。2014年，习近平进一步提出精细化管理、精确化配置、精准化扶持等理念；2015年6月，习近平在贵州贵阳主持召开涉及武陵山、乌蒙山、滇桂黔集中连片特困地区扶贫攻坚座谈会时提出“四个切实”的具体要求：切实落实领导责任、切实做到精准扶贫、切实强化社会合力、切实加强基层组织。2015年11月，习近平在中央扶贫开发工作会议上发表重要讲话，全面部署“十三五”脱贫攻坚任务目标时，系统阐述和正式提出“六个精准”，即扶贫对象精准、项目安排精准、资金使用精准、措施到户精准、因村派人精准、脱贫成效精准；“五个一批”，即发展生产脱贫一批、易地扶贫搬迁脱贫一批、生态补偿脱贫一批、发展教育脱贫一批、社会保障兜底一批的精准扶贫精准脱贫新思想。随着脱贫攻坚的不断推进，习近平精准扶贫精准脱贫战略思想也在不断丰富和发展。2017年2月21日，习近平在中共中央政治局第39次集体学习时再次部署脱贫攻坚，习近平强调，言必信，行必果。习近平提出，要强化领导责任、强化资金投入、强化部门协同、强化东西协作、强化社会合力、强化基层活力、强化任务落实——“七个强化”。同时，总结了脱贫攻坚的“五点经验”：加强领导是根本、把握精准是要义、增加投入是保障、各方参与是合力、群众参与是基础。

2016年，中央各个部门共出台100多个政策文件和实施方案，各地省、市、县、乡各级都根据当地的情况制定了配套措施。全国财政专项扶贫资金投入超过1000亿元，中央财政专项扶贫资金的投入增长43%，省级扶贫资金增长56%。全国12.8万个贫困村派驻了第一书记和驻村工作队，对3000万建档立卡贫困户明确了帮扶责任人。截至2013年年底，中国贫困人口仍有8249万，2014年中国农村贫困人口为7017万人，比上年减少1232万人。2015年，中国农村贫困人口减少到5575万，减少1442万人。2016年中国农村贫困人口4335万人，比上年减少1240万人。近几年，每年都超额完成减贫1000万人的目标任务。2014～2016年，每年农村贫困人口减少都超过1000万人，累计脱贫3914万人。

第四节　滇桂边境地区的扶贫政策及其演变

滇桂边境地区地处我国西南边疆，是多个少数民族的聚居地，多年的扶贫开发也让我国滇桂边境地区的人民享受到一定的经济发展的好处，由于多种原因，滇桂边境地区仍然较为封闭落后。滇桂边境地区除了享受我国总体的扶贫开发政策待遇之外，与滇桂边境地区相关的独特扶贫政策主要有以下几个方面：一是民族地区的专项扶贫政策和社会经济发展优惠政策；二是兴边富民行动；三是扶持人口较少民族发展。

一、民族地区的专项扶贫政策和社会经济发展优惠政策

我国民族地区幅员辽阔，地理及自然条件复杂多样，民族关系错综复杂，生产生活方式千差万别，经济发展水平参差不齐，但总体来说民族地区处于相对落后状态。我国在多年的扶贫开发过程中，扶贫政策充分考虑民族特性、地域差别等因素，在专项扶贫政策和社会经济发展政策上给予各种优惠，促进落后的民族地区发展。在改革开放之初，我国专门设立“支援经济不发达地区发展资金”，主要用于专门帮扶革命老区和民族自治县。1984年，中共中央、国务院发出《关于帮助贫困地区尽快改变面貌的通知》，将少数民族地区纳入中央专项扶贫瞄准区域。1986年，国务院扶贫开发领导小组成立，国家民族事务委员会也是小组成员之一，这也是充分考虑了少数民族地区扶贫开发的重要性。1985年，

确定国定贫困县时，对少数民族自治县给予特殊照顾，在贫困县认定中对少数民族自治县采取较高的收入标准。在“国家八七扶贫攻坚计划”期间，全国少数民族自治县共有348个，其中有257个被列为贫困县；中央政府加大扶贫财政投入，广泛动员社会各界力量、利用多种方式参与到扶贫工作中，具体来说有定点对口扶贫、科技扶贫、教育扶贫、国际合作扶贫等多种扶贫方式。

就对口扶贫来说，云南贫困最为突出，与经济发达的上海结成帮扶友好省市；广东与广西相邻，广东经济发达，广西相对落后，两广地区结成对口帮扶地区。除了省、自治区层面的帮扶对接外，各市、县和机构与外省市、县和机构进行多层次多方面的扶贫工作对接，如珠海市和怒江州两地的教育部门共同努力，两地学校间实现深度合作，通过开设“两班一堂”，实现对怒江州的教育帮扶，具体做法：一是泸水一中和兰坪一中开设“珠海班”，建立结队学校“珠海班”试点帮扶合作，珠海每年从全市高中选派40人赴“珠海班”支教；二是在珠海市开设“怒江班”，建立职业教育中心专业建设对口帮扶合作，由珠海市四所中职学校帮助怒江州职教中心进行专业建设、制定实训基地建设方案，共建实训基地和生产线，提高教师团队素质；三是建设“粤教云”课堂，实施教育信息化对口帮扶项目，帮助怒江州中小学进一步完善教育信息化基础条件，将数字教材和数字教辅资源引入怒江课堂，通过网络、光盘等媒介传递给怒江州已接通宽带网络的中小学①。通过多年的对口帮扶，落后的滇桂边境地区的经济、社会发展均上升到一个新的层面。

2011年，中共中央、国务院印发了《中国农村扶贫开发纲要（2010—2020)》，确定全国扶贫开发集中连片特困地区共14个，其中包括中央已明确实施特殊政策的西藏区、四省藏区和新疆南疆三地州，六盘山区、秦巴山区、武陵山区、乌蒙山区、滇黔桂石漠化区、滇西边境山区、大兴安岭南麓山区、燕山-太行山区、吕梁山区、大别山区、罗霄山区。其中，滇桂边境地区的集中连片特困地区为滇西边境山区和滇桂黔石漠化区，按照“两不愁、三保障”的基本目标，加大对集中特困连片地区的投入，促进滇桂边境地区脱贫致富。

除了在专项扶贫政策上对民族地区进行优惠外，在社会经济发展方面，我国也从多方面给予少数民族地区多种优惠，帮助少数民族地区发展经济和社会事业，提高少数民族地区的自我发展能力。改革开放之后，我国东部地区由于良好的地理位置和较好的自然条件和经济基础，东部地区经济迅速发展，东西部差距逐步拉大。为缩小东西部经济差距，充分利用东部地区剩余的经济发展能力，提

① 资料来源：[第46期] 珠海市大力开展干部人才支援 助力怒江提升脱贫攻坚软实力，广东省扶贫信息网，http://www.gdfp.gov.cn/gzdt/fpjb/201707/t20170705_850685.htm.

高西部地区经济和社会发展水平、巩固国防，2000 年 1 月，国务院成立了西部地区开发领导小组，开始实施西部大开发战略。西部大开发的范围包括 12 个省、自治区、直辖市（加上湖北省恩施、湖南省湘西、吉林省延边），具体包括：四川省、陕西省、甘肃省、青海省、云南省、贵州省、重庆市、广西壮族自治区、内蒙古自治区、宁夏回族自治区、新疆维吾尔自治区、西藏自治区、恩施土家族苗族自治州、湘西土家族苗族自治州、延边朝鲜族自治州。西部大开发是我国一项战略性举措，大多数少数民族聚居区位于我国西部地区，享受我国西部大开发的优惠政策待遇。西部大开发的政策优惠包括市场准入、税收政策、投资政策、贸易政策、土地政策、人才政策等一系列的优惠政策。鉴于西部地区的贫穷落后状况，中央的西部大开发政策总体上遵循“少取多予”的原则：“少取”主要体现在税收上多减免优惠，鼓励企业到西部地区进行投资；“多予”主要体现在中央财政对西部地区加大转移支付力度，主要用于基础设施建设、教育和医疗等基本公共服务的投入和建设，促进民族地区的经济发展。

二、兴边富民行动

我国陆地与 14 个国家接壤，陆地边境线长 2.2 万 km，其中 1.9 万 km 在民族地区，共有 135 个边境县，其中 107 个是民族自治地方，边境地区面积 197 万 km^2，人口 2300 多万，其中少数民族人口近一半，有 30 多个民族与周边国家同一民族毗邻而居。滇桂边境地区地处我国西南边疆，滇桂边境地区分别与缅甸、老挝和越南接壤，是我国西南边疆的一线门户，同时滇桂边境地区是我国典型的集中连片贫困地区，也是我国多个少数民族的聚居区，其特殊的地理位置、战略地位和国防意义一目了然。长期以来，我国边境地区面临着自然环境较为艰苦、经济社会发展较为滞后、贫困问题突出等问题。

1999 年 1 月，国家民族事务委员会主任会议明确提出推进“兴边富民行动”，国家民族事务委员会成立“兴边富民行动领导小组”。1999 年 9 月，中央明确要求继续推进“兴边富民行动”。2000 年 2 月，国家民族事务委员会在人民大会堂召开“兴边富民行动”新闻发布会，正式启动实施兴边富民行动。2001 年，国家民族事务委员会印发《全国兴边富民行动规划纲要（2001—2010 年）》（简称《规划纲要》），统筹制定中央支持边境地区发展的重要工程和重大政策。《规划纲要》中主要制定了交通运输专项行动规划、农业发展专项规划、水利建设专项规划和生态环境专项规划。2007 年 6 月，国务院办公厅颁发了《兴边富民行动“十一五”规划》，该规划指出，兴边富民行动旨在促进边境地区与内地的协调发展，努力实现富民、兴边、强国、睦邻；总体目标是重点解决边境地区发展和边民生产生活面临的特殊困难和问题，不断增强自我发展能力，促进经济加快发展、社会事业明显进步、人民生活水平较大提高，使大多数边境县和兵团边境团场经济社会发展总体上达到所在省、自治区和新疆生产建设兵团中等以上水平。具体目标：一是边境地区交通、电力、水利等基础设施落后状况明显改善，边境一线的茅草房、危旧房基本消除；二是贫困边民的基本生活得到保障，边境农村最低生活保障制度加快建立；三是社会事业得到较快发展，边民教育、卫生、文化等基本公共服务条件明显改善；四是县域经济发展能力明显增强，地方财政收入和居民收入水平较大幅度提高；五是边境贸易得到较快发展，重点边民互市点和口岸设施建设得到加强，对外经济技术合作领域继续扩大；六是生态环境保护和建设取得重要进展；七是社会治安状况良好，睦邻友好关系进一步巩固，民族团结进步事业全面发展。2011 年 6 月，国务院办公厅颁发了《兴边富民行动规划（2011—2015 年)》，该规划的主要任务是加强基础设施建设，着力改善和保障民生，促进民族团结和边防稳固，提升沿边开发开放水平，促进特色优势产业发展。2017 年 6 月，国务院办公厅颁发的《兴边富民行动“十三五”规划》指出，边境地区地处我国对外开放的前沿，是确保国土安全和生态安全的重要屏障，在全国改革发展稳定大局中具有重要战略地位，要坚持“边民为本，改善民生；因地制宜，分类指导；统筹兼顾，突出重点；改革创新，活边富民；军民融合，共建共享；促进团结，固边睦邻”的原则，到 2020 年，边境地区同步全面建成小康社会。该规划具体提出了六个方面的主要任务：一是围绕强基固边推进边境地区基础设施建设，包括加强综合交通运输体系、水利能源基础设施、信息基础设施等方面建设；二是围绕民生安边全力保障和改善边境地区民生，精准推进边境贫困人口居边脱贫、全面改善边民居住生活条件等；三是围绕产业兴边大力发展边境地区特色优势产业，推进特色优势农业、特色加工制造业、特色服务业发展，推进边境地区产业园区发展；四是围绕开放睦边着力提升沿边开发开放水平，推动深度融入“一带一路”建设，大力推动对外贸易发展方式转变等；五是围绕生态护边加强边境地区生态文明建设，筑牢国家生态安全屏障；六是围绕团结稳边通力维护民族团结和边防稳固，共建和谐边疆。

从兴边富民行动计划实施以来，国家民族事务委员会和财政部按照“试点先行、重点突破、总结经验、逐步推进”的原则，在少数民族发展资金中设立了兴边富民行动项目补助资金，兴边富民行动项目补助资金扶持的边境县由 2000 年的 9 个增加到 2007 年的 46 个；到 2009 年，兴边富民行动已经覆盖 136 个陆地边境县和新疆生产建设兵团的 58 个边境团场，年资金额从 2000 年的 1500 万元增长到 2014 年的 18.8 亿元。广西充分利用中央兴边富民行动的政策，整合资源，先后三次开展“边境基础设施大会战”，“十二五”期间投入资金约 53 亿元，沿边公路的修建为广西边境地区带来了翻天覆地的变化。云南也在边境地区实施“十大工程”和“十项保障”,“十二五”期间规划投入约809亿元。“十大工程”主要包括:基础设施工程、扶贫开发工程、产业培育工程、素质提高工程、民生保障工程、城镇建设工程、民族文化工程、开放窗口工程、边境和谐工程、生态保护工程。“十项保障”主要包括:义务教育经费补助、寄宿制学生生活补助、中级职业学校免学费补助、农村最低生活保障补助、新型农村合作医疗补助、农村低保人口大病救助补助、农村五保人口大病救助补助、新型农村养老保险补助、居民就业培训补助、“边民定补”补助。

三、扶持人口较少民族发展

由于历史、自然条件等多方面原因,我国部分人口较少民族的经济和社会发展水平还比较落后,根据国家民族事务委员会的调查,人口较少民族绝大多数都分布在民族自治县,少数民族聚居区贫困发生率显著高于全国同期水平,在基础设施、公共服务、生产生活条件等方面均明显落后于一般的贫困地区。习近平曾在多个场合提到“全面建成小康社会,一个民族都不能少”,采取措施帮助人口较少民族彻底摆脱贫困对增进民族团结、维护边疆稳定具有十分重要的意义。2001年,国家民族事务委员会向国务院办公厅提出对人口较少民族进行扶持的建议——《关于建议把22个人口较少民族发展问题列入国家“十五”计划的意见》,国务院办公厅进行批复下达《国务院办公厅关于扶持人口较少民族发展问题的复函》,该函同意对人口在10万以下的22个民族进行扶持,要求尽可能优先考虑人口较少民族地区的特殊需求,在基本实现乡村通简易公路、实现村村通电、实现村村通广播电视、基本解决人畜饮水、解决基本的人口素质教育、建设基本的医疗机构和设施、群众住房改造和财政投入方面对人口较少民族地区进行扶持。

2005年5月,国务院常务会议审议通过了《扶持人口较少民族发展规划(2005—2010)》,该规划计划通过5年时间,基本解决人口较少民族现有贫困人口的温饱问题,进一步实现经济社会发展达到当地中等或以上水平,再经过若干年的发展,逐步实现全面小康。在本轮规划中,扶持人口在10万以下民族,涉及22个少数民族、63万人,对22个少数民族聚居的640个行政村给予重点扶持。本轮规划实施6年来,共投入各项资金37.51亿元,实施项目11 168个,基本实现了“四通、五有、三达到”的规划目标,人口较少民族面貌发生了新的历史性变化。

2011年6月,经国务院同意,国家民族事务委员会、国家发展和改革委员会、财政部、中国人民银行和国务院扶贫开发领导小组办公室联合编制了《扶持人口较少民族发展规划（2011—2015 年）》，该规划将人口较少民族界定标准由原来该民族全国总人口 10 万人以下上升为 30 万人以下，共涉及 28 个民族 169. 5 万人。这些民族是：珞巴族、高山族、赫哲族、塔塔尔族、独龙族、鄂伦春族、门巴族、乌孜别克族、裕固族、俄罗斯族、保安族、德昂族、基诺族、京族、怒族、鄂温克族、普米族、阿昌族、塔吉克族、布朗族、撒拉族、毛南族、景颇族、达斡尔族、柯尔克孜族、锡伯族、仫佬族、土族。此规划范围是内蒙古、辽宁、吉林、黑龙江、福建、江西、广西、贵州、云南、西藏、甘肃、青海、新疆 13 个省（区）和新疆生产建设兵团的人口较少民族聚居区，包括 2119 个人口较少民族聚居的行政村、71 个人口较少民族的民族乡、16 个人口较少民族的自治县、2 个人口较少民族的自治州。本轮扶持的主要目标是，到 2015 年，人口较少民族聚居行政村基本实现"五通十有"，人口较少民族聚居区基本实现"一减少、二达到、三提升"，具体为：人口较少民族聚居村通油路、通电、通广播电视、通信息（电话、宽带）、通沼气（清洁能源）；有安全饮用水，有安居房，有卫生厕所，有高产稳产基本农田（草场、经济林地、养殖水面）或增收产业，有学前教育，有卫生室，有文化室和农家书屋，有体育健身和民族文化活动场地，有办公场所，有农家超市（便利店）和农资放心店。人口较少民族聚居区贫困人口数量减少一半或以上；农牧民人均纯收入达到当地平均或以上水平；1/2 左右的民族的农牧民人均纯收入达到全国平均或以上水平；基础设施保障水平、民生保障水平、自我发展能力大幅提升。

第三章 滇桂边境地区农户收入贫困和多维贫困及其比较

贫困的定义貌似很简单、很明显，但采用什么样的标准来判定贫困并不容易，目前理论界达成的共识是，收入贫困只能反映个体的经济状况，不能反映个体在其他方面的状况，单纯采用收入标准来判定贫困不合理，从多维的角度来判定更合理。这是很大的一个进步。基于 Sen 的能力贫困发展而来的多维贫困理论，更体现了“以人为本”的精神，但多维贫困理论及其测算本身也具有局限性，在理论界也存在一定的争议，其主要争议集中在多维贫困指数的测算上。有的学者认为，个体的其他维度的贫困都可以通过相应的转化而转为收入贫困，其他维度的贫困都可以通过增加收入来解决，认为没有必要构建多维贫困指数，多维贫困指数中维度的选取缺乏统一标准且极大地受到了调查数据的限制，许多维度由于数据缺失而被迫放弃，不同维度之间有一定的替代性和互补性，不同的维度应该赋予多大的权重也存在争议，同一维度赋予的权重不同，多维贫困指数测算结果不同，可能导致结论也不相同。

基于以上原因，本章利用农户问卷调查数据对滇桂边境地区农户的收入贫困进行测度，然后对农户进行多维贫困测度，再将收入贫困测度结果和多维贫困测度结果进行比较分析。

第一节 调查地区及样本情况

一、调查地区简介

防城区位于广西南端，防城区前身是防城各族自治县，1993 年5 月设立防城港市后，防城撤县设区，成为防城港市管辖的面积最大、人口最多、集“老、少、边、山、穷”于一体的一个市辖区。全区总面积 2427 km^2，辖 2 个乡、8 个镇、3 个街道办、146 个行政村和 16 个社区。截至 2015 年年底，户籍人口 43. 19 万人，常住人口 38. 41 万人，居住着汉族、壮族、瑶族、京族等 19 个民族。防城区边境乡镇陆地边境线长 61. 8 km，海岸线长 138 km，有 3 个乡镇与越南隔海相望，峒中、那良2个镇与越南接壤，现有国务院批准设立的江山港边地贸口岸和自治区批准设立的峒中口岸，以及滩散、里火两个边民互市点。

凭祥市地处中国南部，位于广西崇左市西部，1956年11月设市，是广西第五个建市的城市。1992年6月，凭祥市被国务院批准为沿边对外开放城市；2002年12月，凭祥市成为自治区直辖市，现由地级崇左市代管，是中国最靠近东盟国家的国际化城市，下辖4个镇，全市土地面积650.32 km^2，2015年年底，常住人口约11.65万人，有壮族、汉族、苗族、京族、侗族、瑶族、布依族等17个民族。凭祥市与越南谅山省接壤，边境线长97 km，湘桂铁路和南友高速公路分别与越南的铁路和公路交接，距广西首府南宁160 km，距越南首都河内172 km，距广西首府南宁和越南首都河内均为160 km（高速公路），凭祥市与越南接壤，辖区内有凭祥铁路口岸和友谊关公路口岸2个国家一类口岸，平而关水路口岸1个国家二类口岸，弄尧（含浦寨）、凭祥（叫隘）、平而、油隘4个边民互市点，是广西口岸数量最多、种类最全、规模最大的边境口岸城市，是中国通往越南及东南亚最大和最便捷的陆路通道。

梁河县位于云南西部，德宏州东北部，东北与腾冲县接壤，东南与龙陵县交界，南与芒市、陇川县毗连，西与盈江县为邻。全县土地面积1159 km^2，最高海拔2672.8 m，最低海拔860 m，有中山、低山、火山锥、台阶地、河谷平坝5种地貌类型，是半山半坝县，其中坝区面积144 km^2，占总面积的12.42%；山区、半山区面积1015 km^2，占总面积的87.58%。全境由癞痢山、芒鼓山、江东山梁子三大山脉及大盈江、龙江两大水系组成。全县辖6乡3镇，62个村委会，4个社区，390个自然村，674个村民小组，2015年末，全县共有15.86万人，境内主要居住着汉族、傣族、阿昌族、景颇族、德昂族、傈僳族、佤族等13个民族，少数民族人口占总人口的34.6%，是云南省73个国家扶贫开发工作重点县之一，农民的收入以种植、养殖、经商和外出打工为主，全县有耕地面积368 889亩①，其中水田191 004亩，旱地177 885亩，2015年梁河县GDP 18.67亿元，人均GDP 11 791元，农民年人均纯收入6652元。

二、样本情况

（一）样本分布

本书采用2017年1、2月和7、8月在广西防城港市防城区、凭祥市和云南

① 1亩≈666.7 m^2。

梁河县的农户多维贫困调查数据进行分析。2017 年获得的调查数据为农户 2016 年的情况，调查区域为县市区内贫困相对突出的山区，调查方式为简单随机抽样调查，共调查 500 户，对信息异常或调查信息严重不全的问卷进行了剔除，保留有效调查样本 484 户共 2342 人，其中广西防城港市防城区调查农户 115 户，占比 23.76%；凭祥市调查农户 104 户，占比 21.49%；云南梁河县调查农户 265 户，占比 54.75%。调查内容主要包括农户家庭基本信息、家庭年人均纯收入、基本消费、受教育程度、健康情况、拥有消费型资产情况和边境因素是否对农户的生产生活带来影响等。在进行多维贫困分析时，本书采用 A-F 方法，以户为单位，采用等权重方法计算多维贫困指数。调查农户的样本分布情况，具体见表 3-1。

表 3-1　调查农户的样本分布情况

指标	防城区	凭祥市	梁河县	总计
农户数量/户	115	104	265	484
比例/%	23.76	21.49	54.75	100.00
人口数量/人	661	456	1225	2342
比例/%	28.22	19.47	52.31	100.00

（二）家庭人口规模及劳动力占比情况

调研农户家庭人口规模及劳动力占比情况，具体见表 3-2。从调查农户家庭人口规模来看，防城区家庭人口规模最小值为 1 人、最大值为 13 人、平均值为 6 人；凭祥市家庭人口规模最小值为 1 人、最大值为 10 人、平均值为 4 人；梁河县家庭人口规模最小值为 2 人、最大值为 9 人、平均值为 5 人。根据调查统计结果，结合实地考察和调研，发现防城区、凭祥市和梁河县三地的生育文化明显不同，对贫困的影响也不同。梁河县虽然经济收入最低，但总体受教育水平较高，家庭对子女教育较为重视，在生育方面，一般家庭生育 1 ~ 2 个孩子，生育 3 个孩子的非常少；凭祥市总体经济发展水平较高，收入差距也较大，在生育观念方面的差别也较大，通常越是贫穷的家庭生育孩子越多，越容易陷入贫困境地，越是富裕的家庭一般生育 2 个孩子左右；防城区的经济发展水平高于梁河县，但明显落后于凭祥市，其农户生育观念偏向于多生，在调研过程中，防城区农户受生育文化影响，家庭子女相当多，生育多达 6 个孩子的家庭非常常见，该区总体均比较贫困，陷入一种越穷越生、越生越穷的恶性循环，家庭人口规模和贫困状况有着密切的联系。

表 3-2　家庭人口规模及劳动力占比分布

地区	家庭人口规模/人			劳动力占比/%			无劳动力	
	平均值	最小值	最大值	平均值	最小值	最大值	农户数量/户	比例/%
防城区	6	1	13	52.12	0	100	3	2.61
凭祥市	4	1	10	58.69	0	100	2	1.92
梁河县	5	2	9	52.44	0	100	1	0.38
总体	5	1	13	53.59	0	100	6	1.24

从劳动力占比平均值来看，三地区总体而言，劳动力占比为 53.59%，防城区劳动力占比平均值为 52.12%，凭祥市劳动力占比平均值为 58.69%，梁河县劳动力占比平均值为 52.44%，如果忽略其他方面，单从劳动力占比来看，三地区中，凭祥市的劳动力供给相对较为充分，其次是梁河县，最后是防城区；这可能也意味着凭祥市贫困户更容易脱贫，生产性、“造血式”脱贫更容易实施，防城区贫困户脱贫最困难。三地区总体来看，有 1.24% 的无劳动力家庭，这部分贫困户主要依赖低保政策兜底。

（三）家庭年人均纯收入情况

调查农户家庭年人均纯收入情况具体见表 3-3。防城区家庭年人均纯收入最小值 634 元，最大值 40 415 元，平均值 8039 元，凭祥市家庭年人均纯收入最小值 668 元，最大值 34 980 元，平均值 9619 元，梁河县家庭年人均纯收入最小值 439 元，最大值 30 803 元，平均值 5034 元。将三个地区的家庭年人均纯收入加以对比，可以看出凭祥市家庭年人均纯收入最高，其次是防城区，最后是梁河县；凭祥市的家庭年人均纯收入标准差也最大，其次是防城区，最后是梁河县，这也说明凭祥市收入水平最高，贫富差距最大，梁河县收入水平最低，贫富差距最小。三个地区的收入水平与三个地区的地理位置和经济结构密切相关，凭祥市拥有国家一级边境口岸，边境贸易发达，许多农户在边境口岸从事工作，收入水平较高；防城区位于广西东部沿海地区，拥有较好的区位，边境贸易业发展得较好，人们收入来源较多，收入水平较高；梁河县虽然地处边境地区，但梁河县没有边境线，不在边境第一线，相对而言地处内陆，没有边境口岸，县里经济产业以农业为主，收入水平较低。

表 3-3　家庭年人均纯收入分布　　（单位：元）

地区	家庭年人均纯收入			
	平均值	最小值	最大值	标准差
防城区	8 039	634	40 415	7 026
凭祥市	9 619	668	34 980	7 088
梁河县	5 034	439	30 803	3 766
总体	6 714	439	40 145	5 815

（四）外出务工情况

调查农户家庭成员外出务工情况，具体见表 3-4。总体来看，有家庭成员外出务工的比例为 83.06%，其中防城区该比例为 75.65%，凭祥市该比例为 75.00%，梁河县该比例为 89.43%。从三个地区的对比可以看出，梁河县的外出务工比例最高，可能是梁河县本地收入太低，需要更多的人外出务工才能更好地维持生计。

表 3-4　有家庭成员外出务工的农户数量

地区	有家庭成员外出务工	
	农户数量/户	比例/%
防城区	87	75.65
凭祥市	78	75.00
梁河县	237	89.43
总体	402	83.06

（五）家庭成员受教育程度及培训情况

调查家庭成员受教育程度及培训情况见表 3-5。总体而言，家庭劳动力最高受教育程度主要集中在小学和初中水平，占比 73.76%，受教育程度在大专及以上的比例只有 5.17%。分地区来看，防城区的文盲率最高，占比 4.11%，小学和初中水平分别占比 45.47% 和 35.52%，两者合计占比约 80.99%，高中或中专水平占比为 13.23%，大专及以上占比为 1.67%，高中和大专及以上的比例最低；凭祥市农户受教育水平较高，家庭劳动力文盲率为 1.02%，小学水平占比为 22.45%，初中水平占比为 56.13%，高中或中专水平占比为 12.24%，大专及以上水平占比为 8.16%；梁河县家庭劳动力文盲率为 0，小学和初中水平合计占比 68.68%，高中水平占比 25.66%，大专及以上水平占比 5.66%。三地区相比较而言，梁河县的教育平均水平最高，没有文盲，家庭劳动力最高受教育程度主要集中在初中水平，其次是小学和高中或中专水平；凭祥市教育水平较高，家庭劳动力最高受教育程度主要集中在小学和初中水平，大专及以上水平占比也相对较多，文盲的比例很小；防城区教育水平最低，文盲率最高，高中或中专水平占比相对较低，大专及以上水平占比最低，家庭劳动力最高受教育程度主要集中在小学和初中水平。

从是否有家庭成员接受过专业技能培训占比情况来看，梁河县有家庭成员接受专业技能培训的比例最高，防城区较低，凭祥市最低。

表 3-5　农户家庭成员受教育程度及培训情况

地区	家庭成员最高受教育程度及比例/%					有家庭成员接受过专业技能培训	
	文盲	小学	初中	高中或中专	大专及以上	户数/户	比例/%
防城区	4.11	45.47	35.52	13.23	1.67	30	26.08
凭祥市	1.02	22.45	56.13	12.24	8.16	18	17.31
梁河县	0.00	14.72	53.96	25.66	5.66	165	62.26
总体	1.24	23.97	49.79	19.83	5.17	213	44.01

（六）儿童辍学情况

孩子是祖国的未来，孩子受教育情况如何，直接关系到孩子的未来，关系到我们的下一代是否有竞争力，也关系到下一代是否有能力突破贫困的代际传递。调查农户儿童辍学情况，具体见表 3-6。防城区农户家庭有适龄儿童辍学的比例高达 15.65%，梁河县有适龄儿童辍学的比例高达 6.04%，凭祥市有适龄儿童辍学的比例为 2.88%。通过实地调研了解到，凭祥市和梁河县儿童辍学的主要原因是贫困和上学不方便，防城区儿童辍学的主要原因：一是贫困和上学不方便；二是家庭对孩子教育不太重视，没有对孩子接受教育尽到最大努力。

表 3-6　有适龄儿童辍学的农户分布

地区	有适龄儿童辍学的农户	
	农户数量/户	比例/%
防城区	18	15.65
凭祥市	3	2.88
梁河县	16	6.04
总体	37	7.64

（七）农户健康及医疗保险情况

从农户健康和医疗保险情况来看，有家庭成员患有重病的农户的比例总体水平较高，具体见表 3-7，其中防城区该比例为 19.13%，凭祥市该比例为 18.27%，梁河县该比例为 13.96%。在医疗保险方面，梁河县基本实现全覆盖，防城区和凭祥市还未实现全覆盖。农户家庭健康状况不容乐观，尽管医疗保险覆盖水平已经相当高，但农户因病致贫情况相当严重，未来我们需要在大病医疗保险和救助方面有更大作为。

表 3-7　农户健康及医疗保险情况

地区	有家庭成员患有重病		有家庭成员未购买任何医疗保险	
	农户数量/户	比例/%	农户数量/户	比例/%
防城区	22	19.13	5	4.35
凭祥市	19	18.27	2	1.92
梁河县	37	13.96	0	0.00
总体	78	16.12	7	1.45

（八）农户住房情况

安居才能乐业，农户住房是农户资产的主要体现，在农民生活中具有非常重要的作用，农民只要经济条件好一点，通常会首先考虑改善居住条件，往往从一户的房屋外观就可以基本判断出其经济状况。从表 3-8 可以看出，防城区钢筋混凝土结构房屋的比例为 36.52%，砖木结构房屋的比例为 41.74%，茅草或土坯结构房屋的比例为 21.73%。凭祥市钢筋混凝土结构房屋、砖木结构房屋、茅草或土坯结构房屋的比例分别是 72.12%、20.19%、1.92%，梁河县钢筋混凝土结构房屋、砖木结构房屋、茅草或土坯结构房屋的比例分别是 9.43%、64.15%、26.42%。就三个地区的比较来看，凭祥市的住房条件最好，钢筋混凝土结构房屋的比例最高，茅草或土坯结构房屋的比例最低；梁河县钢筋混凝土结构房屋的比例很低，主要是砖木结构房屋，茅草或土坯结构房屋相对较少；防城区房屋以砖木结构为主，其次是钢筋混凝土结构，茅草或土坯结构房屋相对较少。从总体来看，房屋为茅草或土坯结构的占比高达 20.04%，这说明农村危房改造的任务相当重，而危房改造往往需要相当多的资金，许多农户借大量债务改善居住条件，其他方面投资受到严重挤压，农户容易长时间陷入贫困，增加危房改造资金是扶贫资金未来投入的重点。

表 3-8　农户住房及结构分布

地区	钢筋混凝土		砖木结构		茅草或土坯	
	农户数量/户	比例/%	农户数量/户	比例/%	农户数量/户	比例/%
防城区	42	36.52	48	41.74	25	21.73
凭祥市	75	72.12	21	20.19	2	1.92
梁河县	25	9.43	170	64.15	70	26.42
总体	142	29.34	239	49.38	97	20.04

（九）农户饮用水水源类别及通电情况

饮用水情况直接关系农户的生活健康问题，因此饮水问题至关重要，电力的使用是人类文明进入新阶段的象征。从调查情况来看，三个地区的通电问题基本解决，凭祥市和梁河县通电比例达到100%，防城区只有极少数农户因特殊原因未能通电。就饮用水水源来看，凭祥市自来水比例最高，为87.50%；其次是山泉水，比例为10.58%；防城区饮用水水源以山泉水为主，其次是井水；梁河县以山泉水为主，其次是井水。具体情况见表3-9。

表 3-9　农户饮用水水源类别及通电情况

地区	河水或塘水		山泉水		井水		自来水		已通电	
	农户数量/户	比例/%	农户数量/户	比例/%	农户数量/户	比例/%	农户数量/户	比例/%	农户数量/户	比例/%
防城区	9	7.83	62	53.91	27	23.48	17	14.78	114	99.13
凭祥市	1	0.96	11	10.58	0	0.00	91	87.50	104	100.00
梁河县	2	0.75	201	75.85	47	17.74	15	5.66	265	100.00
总体	12	2.48	274	56.61	74	15.29	123	25.41	483	99.79

（十）农户卫生设施类别情况

卫生设施直接关系到农民的卫生习惯养成和身体健康，从调研地区厕所普及及类型分布来看，总体而言，情况不乐观，据表3-10，16.32%的农户没有厕所，47.31%的农户有旱厕，只有36.36%的农户有冲水厕所。分地区来看，凭祥市经济状况较好，房子情况较好，自来水普及率较高，拥有冲水厕所的比例高达96.15%，但也还有1.92%的农户没有厕所；防城区农户厕所以旱厕为主，比例为48.70%，其次是冲水厕所，无厕所的农户的比例高达15.65%；梁河县无厕所比例最高，高达22.26%。从以上数据可以看出，滇桂边境地区农户卫生设施问题相当突出，亟待大量资金投入进行建设和改造。

表 3-10 农户卫生设施类别情况分布

地区	无厕所		旱厕		冲水厕所	
	农户数量/户	比例/%	农户数量/户	比例/%	农户数量/户	比例/%
防城区	18	15.65	56	48.70	41	35.65
凭祥市	2	1.92	2	1.92	100	96.15
梁河县	59	22.26	171	64.53	35	13.21
总体	79	16.32	229	47.31	176	36.36

（十一）做饭主要燃料类型情况

做饭采用什么燃料，直接关系到卫生问题，更关系到家务效率问题，采用传统柴草为做饭燃料，通常要花费大量时间，从而挤压其他劳动生产时间。从调研统计数据来看，总体而言，用电比例为 46.49%；其次是用柴草，比例高达 38.84%；再次是用液化气、天然气和沼气，用煤的比例相当少。三地区比较而言，凭祥市做饭燃料以液化气、天然气或沼气为主，但用柴草的比例仍然高达 22.12%；梁河县做饭燃料以电为主，液化气、天然气或沼气使用很少，用柴草的比例为 33.58%；防城区以用柴草为主，占比高达 66.09%；其次是用电，其他能源形式很少。具体见表 3-11。

表 3-11 农户做饭主要燃料类型

地区	柴草		煤		液化气、天然气或沼气		电	
	农户数量/户	比例/%	农户数量/户	比例/%	农户数量/户	比例/%	农户数量/户	比例/%
防城区	76	66.09	1	0.87	2	1.74	36	31.30
凭祥市	23	22.12	1	0.96	62	59.62	18	17.31
梁河县	89	33.58	2	0.75	3	1.13	171	64.53
总体	188	38.84	4	0.83	67	13.84	225	46.49

（十二）农户拥有耐用消费品类别

在各种家用电器逐步普及的时代，耐用消费品拥有状况直接体现了农户的基本生活水平。从表 3-12 可以看出，总体来说，电视、电话或手机、电饭煲的普及率已经相当高，分别为 93.60%、98.55%、85.74%；其次是摩托车或电动车、冰箱、洗衣机，分别为 78.51%、50.83%、48.35%；空调、电脑和汽车普及率均比较低。从三地区的差异来看，凭祥市经济状况较好，各类耐用消费品普及率均相对较高，防城区与梁河县相比较，除空调外，梁河县各类耐用消费品普及率均高于防城区。从以上统计可以看出，电视、电话或手机普及程度很高，是信息传播的主要渠道，但电脑普及率很低，宽带接入也很少，所以在网络宽带普及方面有待努力，尤其是电商扶贫发挥越来越大作用的情况下。

表 3-12　农户拥有耐用消费品类别

地区	电视/台	电话或手机/部	电饭煲/个	洗衣机/台	冰箱/台	空调/台	摩托车或电动车/辆	电脑/台	汽车/辆
防城区	84.34	98.26	71.90	19.83	23.97	3.31	73.55	4.96	7.44
凭祥市	96.94	95.92	85.71	38.78	80.61	13.27	70.41	17.35	9.18
梁河县	96.98	99.62	92.08	64.91	52.08	2.26	83.77	10.94	12.83
总计	93.60	98.55	85.74	48.35	50.83	4.75	78.51	10.74	10.74

（十三）其他方面统计

十里不同风，百里不同俗，人情往来差别也比较大。据相关研究表明，在许多贫困地区，由于收入来源少，越是贫困，越是喜欢大操大办，据此来聚敛财富，在这股风气下，许多人因难为情而被迫卷入，造成大量的消费浪费，减少了积累，影响来年投入再生产，极大地影响农户脱贫致富。从表 3-13 可以看出，总体而言，65.70% 的农户感觉人情往来随礼压力较大，尤其是梁河县，有 76.23% 的农户感觉人情往来随礼压力大，因此移风易俗，改掉大肆操办、大额送礼等歪风邪气对脱贫工作也至关重要。

从遭受自然灾害情况来看，防城区主要是有台风的威胁，凭祥市和梁河县农户生产生活遭受山体塌方、泥石流等威胁的比例高达 50% 以上，因此，对于许多地区常年容易出现的灾害类别，要有预防体系，以便灾难发生时能及时救助，让老百姓能及时恢复正常的生产生活。

表 3-13　农户人情往来及自然灾害相关情况

地区	感觉人情往来随礼压力大的农户占比/%	生产生活遭受山体塌方、泥石流等威胁的农户占比/%
防城区	53.04	11.30
凭祥市	74.04	59.62

续表

地区	感觉人情往来随礼压力大的农户占比/%	生产生活遭受山体塌方、泥石流等威胁的农户占比/%
梁河县	76.23	50.96
总计	65.70	36.98

第二节　滇桂边境地区农户收入贫困

一、农户收入贫困的测度

（一）收入贫困的测度方法——FGT 指标

FGT 指标是由 Foster 等（1984）构建的经典收入贫困测度指标，为学术界广泛采用。其收入贫困的测度指标主要有三种：收入贫困发生率 P_0、贫困距指数 P_1 和贫困距平方指数 P_2。指标解释及计算公式如下。

收入贫困发生率（P_0）是指贫困人口占总人口的比例。该指标简单实用，运用广泛。该指数的缺陷是，没有考虑贫困的强度，也没有度量贫困人口的贫困程度。

贫困缺口（G_i）是指贫困线（z）与第 i 个贫困人口的收入之差，非贫困人口贫困缺口为 0。贫困缺口之和即为消除贫困的最小成本。

贫困距指数（P_1）用来测度贫困人口低于贫困线的程度。其计算方法为，先计算各贫困缺口相对于贫困线的比例之和，然后除以样本总数求均值。但是该指标并未反映贫困人口内部的不平等性。

贫困距平方指数（P_2）考虑了贫困人口内部的差异和不平等性。其计算方法为，先计算各贫困缺口相对于贫困线比例的平方和，然后除以样本总数求均值。

$$P_\alpha = \frac{1}{N}\sum_{i=1}^{M}\left(\frac{G_i}{z}\right)^\alpha,\ \alpha \geqslant 0 \tag{3-1}$$

式中，N 为总人口数；M 为贫困人口数；z 为贫困线；G_i 为第 i 个贫困人口的贫困缺口；α 为指数对贫困的敏感度，$\alpha=0$ 时该指标为收入贫困发生率 P_0，$\alpha=1$ 时该指标为贫困距指数 P_1，$\alpha=2$ 时该指标为贫困距平方指数 P_2。

（二）收入贫困的测度结果

对收入贫困的测度，以 2011 年年底出台的中国农村贫困线——农村居民年人均纯收入2300元（2010年不变价）为标准，对年人均纯收入采用消费者物价指数折算到2010年的水平，以户为单位，测度贫困发生率，测算结果如表3-14所示。

从收入角度来看，总体而言，收入贫困发生率为10.95%。贫困面较广，尤其是梁河县，收入贫困发生率高达12.45%；其次是凭祥市，依然高达9.62%。防城区的情况较好，收入贫困发生率为8.70%。从贫困距指数来看，总体的贫困距指数为3.40，数值相对较小，这说明贫困深度不是太深，收入脱贫希望很大；从贫困距平方指数来看，总体数值为1.60，数值相对较小，说明贫困强度不是太强，也就是说从贫困的分布来看，收入远远低于贫困线陷入深度贫困的农户相对较少。就三个地区的差别来看，梁河县是收入贫困最突出的县，其贫困发生率最高且贫困距指数和贫困距平方指数相对较高，也就是说梁河县不仅贫困面比较大且贫困深度和贫困强度较大；防城区的贫困发生率为8.70%，其贫困深度、贫困强度也最弱。

表3-14　2016年防城区、凭祥市、梁河县贫困状况

指数	总体	防城区	凭祥市	梁河县
收入贫困发生率/%	10.95	8.70	9.62	12.45
贫困距指数	3.40	2.30	3.63	3.81
贫困距平方指数	1.60	1.12	1.73	1.78

二、收入贫困与农户特征

（一）收入贫困与农户家庭规模特征

从表3-15可以看出，总体而言，家庭人口数为1～2人的农户，收入贫困发生率为40.00%；家庭人口数为3～5人的农户，收入贫困发生率为9.17%；家庭人口数为6人及以上的农户，收入贫困发生率为11.11%。防城区、凭祥市、梁河县三地区的具体情况也与总体的分布情况一致，即家庭人口数为1～2人的收入贫困发生率最高，其次是家庭人口数为6人及以上的农户收入贫困发生率居中，家庭人口数为3～5人的收入贫困发生率最低，梁河县家庭人口数为3～5人的农户和6人及以上的农户收入贫困发生率接近。结合实地调研了解，家庭人口数为1～2的，往往是老人、未婚者，或者离异家庭，这类家庭往往缺乏劳动力，或者家庭结构不健全，平均生活成本较高，生产劳动受到许多条件的约束，脱贫很困难；3～5人的家庭规模，通常其结构为两个年轻劳力和一个老人或一个小孩，或者两个老人、一对年轻夫妻和一个小孩，其家庭年龄结构分布比较均匀，结构最为稳固，劳动力也比较充分，平均生活成本较低，生产劳动灵活性较强，收入来源多元化，其收入贫困发生率最低；6 人及以上的家庭，通常是两个老人、一对年轻夫妻和两个及以上的小孩，如在防城区调研发现，许多家庭至少 3 个孩子，有的多达 6 个，这种家庭抚养负担比较重，虽然有劳动力，但收入有限，抚养负担太重，在将孩子养育成人之前，更容易陷入长期贫困，往往无力支付孩子的教育费用，没有足够的精力支持孩子接受基本教育，更容易让下一代陷入新的贫困，这个问题需要更多的关注。

表 3-15　农户家庭规模与收入贫困发生率的关系

农户家庭规模	收入贫困发生率/%			
	防城区	凭祥市	梁河县	总体
1～2 人	40.00	22.22	66.67	40.00
3～5 人	4.84	7.04	11.22	9.17
6 人及以上	9.26	16.67	11.11	11.11

（二）收入贫困与农户劳动力受教育水平特征

从表 3-16 可以看出，总体而言，家庭劳动力最高受教育水平在小学及以下的农户的收入贫困发生率为 20.49%，受教育水平在初中的农户的收入贫困发生率为 9.96%，受教育水平在高中/中专及以上的农户的收入贫困发生率为 3.31%，受教育水平高低与贫困发生率之间有着明显的负相关关系，即家庭劳动力受教育水平越高，收入贫困发生率越低。从三个地区的具体情况来看，三个地区均是家庭劳动力受教育水平越高，收入贫困发生率越低。家庭劳动力的最高受教育水平往往直接影响家庭的决策水平，对收入贫困有明显的影响。

表 3-16　农户劳动力受教育水平与收入贫困发生率的关系（单位：%）

农户劳动力受教育水平	收入贫困发生率			
	防城区	凭祥市	梁河县	总体
小学及以下	15.00	21.74	28.21	20.49
初中	2.33	9.09	12.59	9.96
高中/中专及以上	0.00	0.00	4.82	3.31

（三）收入贫困与农户劳动力数量特征

家庭劳动力的多少，意味着有多少人能进行生产劳动创造收入，劳动力占家庭人口的比例反映了一个家庭抚养及赡养负担的轻重，一般劳动力越多，家庭收入越高，反之则越低。从表3-17可以看出，统计结果与预期分析的一致，总体而言，家庭劳动力占家庭人口的比例在1/3及以下的家庭有25.84%存在收入贫困，家庭劳动力占家庭人口的比例为1/3～2/3的家庭，收入贫困发生率为8.85%，收入贫困明显降低，家庭劳动力占家庭人口的比例为2/3以上的家庭，收入贫困发生率仅为3.33%。因此，劳动力富余的地方扶贫压力和任务相对较轻，劳动力缺乏的地方扶贫攻坚压力大。随着老龄化时代的来临，许多贫困地区外出务工的人逐步丧失劳动力，不能继续留在城市劳动，只能返回家乡，所以在未来扶贫工作中，必须考虑人口老龄化这一因素对扶贫工作带来的挑战，对未来可能大幅增加的保障支出要做好心理准备。

表3-17　家庭劳动力占家庭人口比例与收入贫困发生率的关系

家庭劳动力占家庭人口比例	收入贫困发生率/%			
	防城区	凭祥市	梁河县	总体
≤1/3	21.21	33.33	26.83	25.84
1/3～2/3	3.33	8.16	10.71	8.85
>2/3	3.57	2.94	3.57	3.33

（四）收入贫困与农户外出务工构成特征

从表3-18可以看出，有家庭成员外出务工的农户的收入贫困发生率较低，总体约为6.97%，无家庭成员外出务工的农户的收入贫困发生率相当高，高达30.49%。在调研中发现，滇桂边境地区有70%～90%的农户有成员外出务工，外出务工的收入占整个家庭收入的比例高达80%，滇桂边境地区可耕种土地少，田地收入无法维持生活，家庭从事农业生产的收入占比已经相当低。无家庭成员外出务工的家庭通常包括这样几类：一是缺乏劳动力的家庭，没有劳动力能外出务工；二是有重病老人要照顾或有小孩要抚养的家庭，无法外出务工；三是劳动力文化水平低、缺乏劳动技能的家庭，没有外出谋生能力。

表3-18　家庭成员外出务工情况与收入贫困发生率的关系

家庭成员外出务工情况	收入贫困发生率/%			
	防城区	凭祥市	梁河县	总体
有成员外出务工	5.75	2.56	8.86	6.97
无成员外出务工	14.71	40.00	42.86	30.49

（五）收入贫困与农户培训特征

从表3-19可以看出，总体而言，有家庭成员参与培训的农户收入贫困发生率为 7.51%，无家庭成员参与培训的农户收入贫困发生率为 13.65%；从三个地区的具体情况来看，均是有家庭成员参与培训的农户收入贫困发生率明显较低，反之则较高，这说明培训对农户脱贫致富有着非常重要的作用。

表 3-19 家庭成员参与培训情况与收入贫困发生率的关系

家庭成员参与培训情况	收入贫困发生率/%			
	防城区	凭祥市	梁河县	总体
有成员参与培训	3.23	0.00	9.09	7.51
无成员参与培训	10.00	12.35	18.00	13.65

（六）收入贫困与农户健康特征

有无重病家庭成员直接关系到农户家庭的收入和支出，家庭成员患有重病，不仅意味着该成员不能成为有效劳动力，不能赚取收入，还意味着大量医药费的支出，需要家人花费更多时间进行照顾。从表 3-20 可以看出，总体而言，家庭有重病成员的农户收入贫困发生率比家庭无重病成员的农户收入贫困发生率要高出约 2 倍；分地区来看，防城区家庭有重病成员的农户收入贫困发生率是无重病成员的 3 倍，梁河县家庭有重病成员的农户收入贫困发生率为家庭无重病成员的农户的 2 倍多，凭祥市家庭有重病成员的农户收入贫困发生率远远高于家庭无重病成员的农户，凭祥市家庭有重病成员的农户收入贫困发生率约为家庭无重病成员的农户的 10 倍。三个地区的差异很明显，凭祥市家庭有重病成员的农户收入贫困发生率远远高于另外两个地区，这可能与凭祥市的户均人口值较小有关，在三个地区中，凭祥市农户家庭规模是最小的，家庭有重病成员对贫困的影响比其他两个地区要突出。因此，家庭有无重病成员直接关系到家庭收入情况，在扶贫工作中，与家庭无重病成员农户相比，家庭有重病成员的农户往往需要更多的收入来满足同样的生活水平，所以扶贫政策在设计上应更多地考虑家庭成员疾病情况，大力推进大病医疗保险，减少因病致贫的情况。

表 3-20 家庭成员健康情况与贫困发生率的关系

家庭成员健康情况	贫困发生率/%			
	防城区	凭祥市	梁河县	总体
有重病成员	18.18	36.84	21.62	24.36
无重病成员	6.06	3.8	10.96	8.37

第三节 滇桂边境地区农户多维贫困

采用广西防城港市防城区、凭祥市和云南梁河县农户调查数据资料，运用Alkire和Foster（2008）提出的多维贫困方法测度农户多维贫困，为中国滇桂边境地区的扶贫开发工作提供更科学合理的依据。

一、多维贫困的测度方法

在Sen的多维贫困理论基础上，Alkire和Foster（2011）提出了多维贫困的测度方法。具体方法和步骤如下。

第一步，确定各个维度，维度数用d表示。经济收入、教育、住房、饮用水、医疗保障等均可作为识别贫困的维度。

第二步，确定一个剥夺临界值向量$\mathbf{z}$。将调查结果构建成一个$n \times d$维矩阵$\mathbf{y}$，其中n表示个体数量，d表示维数（$d \geqslant 2$），该矩阵的元素$y_{ij} \geqslant 0$，表示第i个人（$i=1, 2, \cdots, n$）在维度j上（$j=1, 2, \cdots, d$）的取值。为了判定各个体在各维度上是否被剥夺，就需要给每个维度规定一个临界值，称之为剥夺临界值。定义$\mathbf{z}$表示由剥夺临界值组成的d维行向量，其元素$z_j>0$，如果$y_{ij}<z_j$，那么表示第i人在第j维上被剥夺了；反之则未被剥夺。

第三步，构建剥夺矩阵$\mathbf{g}^0$。利用前面的结论，如果第i个对象在第j维上被剥夺了，那么$\mathbf{g}_{ij}^0=1$，否则为0。

第四步，赋予各维度不同的权重。贫困所涉及的各维度可能具有不同的重要性，因此可以通过给各维度赋予一个权重来表示各维度重要性的不同。定义w表示一个d维权重行向量，其元素w_j表示第j维的权重，各维度权重之和等于d。本书为简单起见，采用等权重方法，即各维度权重相等。

第五步，判定对象是否贫困。利用多维贫困判定函数$\rho_k(y_i; z)$判断第i个对象是否贫困。将剥夺矩阵$\mathbf{g}^0$的第i行取值加总在一起得到第i个对象被剥夺的维度权重之和。如果该值大于等于贫困临界值k（即被剥夺的维度权重之和至少为k），那么判定该对象为贫困，即$\rho_k(y_i; z)=1$；如果小于k，那么$\rho_k(y_i; z)=0$。

第六步，计算贫困测量指标M_0。利用第三步的结论，将剥夺矩阵中所有判定为非贫困个体所在行的元素全部用0替换，从而得到一个新的矩阵$\mathbf{g}^0(k)$。那么多维贫困指标$M_0=\mu[\mathbf{g}^0(k)]=HA$。其中，$u$表示矩阵$\mathbf{g}^0(k)$各元素的平均值；$H$表示多维贫困发生率，即判定为多维贫困的人数比例；$A$表示平均剥夺份额，反映了贫困对象平均而言有多大比例的维度权重数被剥夺了。

第七步，对多维贫困测度指标按照维度进行分解。依据 $M_0=\sum_{j=1}^{d}\mu(\boldsymbol{g}^0_{*j}(k))/c$，则 $[\mu(\boldsymbol{g}^0_{*j}(k))/d]/M_0$ 就是维度 j 对贫困的贡献率。

二、维度的选取及权重

本书参照联合国千年发展目标（Millennium Development Goals，MDGs），接受专家的咨询意见，吸纳当地政府和村民的意见，结合样本区的实际情况，选择采用教育、健康、住房、水、能源、卫生设施和耐用消费品 7 个维度来进行多维贫困测度。其中，教育维度由受教育水平和辍学情况两个指标构成，健康维度由健康状况和医疗保险两个指标构成，住房维度主要参考住房结构指标，水维度主要考察饮用水水源类型，能源维度由是否通电和做饭燃料两个指标构成，卫生设施维度主要考察厕所类别，耐用消费品维度主要考察耐用消费品拥有情况。本书采用维度等权重方法，即教育、健康、住房、水、能源、卫生设施和耐用消费品各占 1/7 的权重，由两个指标构成的维度的权重平均分配到两个指标，以教育维度为例，教育维度的权重是 1/7，教育维度由教育水平和辍学情况两个指标构成，则将 1/7 的权重平均分配给教育水平指标和辍学情况指标，即教育水平和辍学情况各占 1/14 的权重。

三、各维度剥夺临界值的确定

各维度的剥夺临界值见表 3-21。

表 3-21　各维度的剥夺临界值

维度	指标	剥夺临界值
教育	受教育水平	家中劳动力最高受教育水平小学及以下
	辍学情况	有适龄儿童辍学，赋值为 1，否则赋值为 0
健康	健康状况	有家庭成员患严重疾病，赋值为 1，否则赋值为 0
	医疗保险	有家庭成员未购买任何医疗保险，赋值为 1，否则赋值为 0
住房	住房结构	住房结构为茅草房或土坯房及危房，赋值为 1，否则赋值为 0
水	饮用水水源	为河水、塘水或山泉水，赋值为 1，否则赋值为 0

续表

维度	指标	剥夺临界值
能源	通电	未通电，赋值为1，否则赋值为0
	做饭燃料	仅使用柴草为燃料，赋值为1，否则赋值为0
卫生设施	厕所类别	无冲水厕所，赋值为1，否则赋值为0
耐用消费品	耐用消费品	汽车、电视机、冰箱、洗衣机、空调、电话或手机、电脑、电饭煲、摩托车或电动车拥有不足3项，赋值为1，否则赋值为0

关于各维度剥夺临界值的说明：关于教育维度，主要依据九年义务教育，因农村家庭劳动力最高受教育者往往决定该家庭的重大决策，其受教育水平关系到该家庭的脱贫能力，所以家庭中劳动力最高受教育水平在初中以下视为教育水平贫困，如果该家庭有适龄儿童辍学情况，不能保证适龄儿童接受基本的义务教育，也视为教育贫困；关于健康维度，依据中国的现实情况，因病致贫现象相当突出，如果有家庭成员患有重大疾病视为健康贫困，医疗保险能在一定程度上对患者进行保障，正因为因病致贫情况严重，医疗保险格外重要，只要有任何家庭成员未购买任何医疗保险，则该家庭成员就暴露于疾病风险中，就有可能拖累整个家庭，导致家庭长期贫困，所以只要有任何家庭成员无任何形式的医疗保险，就视为健康贫困；关于住房维度，根据中国经济发展情况和国家危房改造项目要求，一般农户家庭的茅草房或土坯房及危房不能跟上时代发展的需要，不能很好地抵御自然灾害，严重影响农户的生活水平和感受，因此住房结构为茅草房、土坯房的视为住房贫困；关于水维度，根据当地情况和调查民众的要求，经过消毒的自来水、经过深层过滤的井水的安全都较有保障；河水、山泉水和塘水均为地表水，安全性相对较差，因此饮用水水源为河水、山泉水和塘水的家庭视为饮用水贫困；关于能源维度，通电基本普及，因此没有通电的家庭视为能源贫困，在做饭燃料方面，电、天然气、液化气或沼气采用比较广泛，柴草多为辅助能源，因此仅用柴草作为做饭燃料的家庭视为能源贫困；关于卫生设施维度，厕所情况是农村家庭卫生设施的关键，水冲厕所能较好地预防粪源性疾病的传播，因此无水冲厕所的家庭视为卫生设施贫困；关于耐用消费品维度，调查了电视机、冰箱、洗衣机、电话或手机、电饭煲、摩托车或电动车6项耐用消费品，是否拥有这些耐用消费品反映了当地农民的生活水平，根据中国的经济发展情况，电视机、电话或手机、电饭煲这3项已经是相当普及的家用电器，也是一个家庭最早拥有的3项家用电器，如果一个家庭不具备这3项最基本的电器，就视其为耐用消费品消费贫困。

四、农户多维贫困测量结果

（一）各维度单维贫困发生率

对选取的7个维度的单维贫困发生率进行估算，将防城区、凭祥市和梁河县三个地区进行比较，具体见表3-22。

表3-22　农户各维度的单维贫困发生率　　（单位：%）

编号	维度	指标	贫困发生率			
			防城区	凭祥市	梁河县	总体
1	教育	教育水平	49.58	23.47	14.72	25.21
		辍学情况	15.65	2.89	6.04	7.64
2	健康	健康状况	19.13	19.39	13.96	16.12
		医疗保险	4.35	1.92	0.00	1.45
3	住房	住房结构	21.73	2.04	26.42	20.04
4	水	饮用水水源	61.74	11.51	76.60	59.09
5	能源	通电	0.87	0.00	0.00	0.21
		做饭燃料	66.09	22.12	33.58	38.84
6	卫生设施	厕所类别	64.35	3.85	86.79	63.64
7	耐用消费品	耐用消费品	19.01	7.14	4.15	8.47

从表3-22可以得出如下结论：第一，教育维度中，从教育水平指标来看，调查地区农户的贫困发生率较高，主要劳动力最高受教育水平为小学及以下的比例为25.21%，其中以防城区的教育贫困最为突出，此比例高达49.58%；从辍学状况指标来看，家庭有适龄儿童辍学的比例为7.64%，防城区的辍学比例最高，为15.65%，其次是梁河县和凭祥市。第二，健康维度中，调查地区农户的健康状况不是很乐观，就健康状况指标来看，家有重病患者的农户比例为16.12%，防城区和凭祥市的比例分别为19.13%和19.39%，梁河县的情况相对较好，此比例为13.96%；从医疗保险指标来看，贫困发生率较低，说明调研地区农村医疗保险覆盖水平大大提高，尤其是梁河县基本实现了医疗保险全覆盖。第三，住房维度中，调查地区农户房屋结构为茅草或土坯的比例为20.04%，三个地区相比较而言，防城区和梁河县此维度贫困发生率较高，凭祥市的住房情况较好，住房贫困发生率为2.04%。第四，水维度中，调查地区农户饮用水水源为河水、塘水或山泉水的比例高达59.09%，也就是说有一大半的农户面临饮用水

贫困，缺乏安全可靠的饮用水水源，除了凭祥市的饮用水水源可靠以外，防城区和梁河县的饮用水贫困问题都相当突出。第五，能源维度中，从通电指标来看，除了防城区有个别农户没有通电以外，调查地区基本实现通电全覆盖；从做饭燃料指标来看，总体有 38.84% 的农户只用柴草，防城区使用柴草比例最高，凭祥市使用柴草比例最低。第六，卫生设施维度中，高达 63.64% 的农户没有冲水厕所，尤其是梁河县和防城区。第七，耐用消费品维度中，绝大部分家庭已经普及了电视、手机和电饭煲等最基本的家用电器，8.47% 的家庭还未拥有这 3 项最基本的家用电器，此维度贫困发生率最高的是防城区，高达 19.01%。

（二）多维贫困估计结果

利用前述多维贫困测量方法，计算得到调查地区的多维贫困测量结果（表 3-23）。由于采用各维度等权重，各指标的权重有所不同，因此这里的 K 值为加权维度。当 K 取值为 1 时，表示在所有考察维度中，有 10% 的加权维度被剥夺；当 K 取值为 2 时，表示在所有考察维度中，有 20% 的加权维度被剥夺；以此类推，当 K 取值为 8 时，表示在所有考察维度中，有 80% 的加权维度被剥夺。

从表 3-23 中可以看出，当 $K=1$ 时，贫困发生率为 82.23%，这说明在所有考察维度中，有 82.23% 的农户有 10% 的加权维度被剥夺，贫困剥夺份额为 0.3426，多维贫困指数为 0.2817，这部分农户处于轻微贫困状态；当 $K=3$ 时，贫困发生率为 38.43%，这说明在所有考察维度中，有 38.43% 的农户有 30% 的加权维度被剥夺，剥夺份额为 0.4677，多维贫困指数为 0.1798，这部分农户处于一般贫困状态；当 $K=7$ 时，贫困发生率为 2.69%，这说明在所有考察维度中，被剥夺维度达到 70% 的农户比例为 2.69%，剥夺份额为 0.7308，多维贫困指数为 0.0196，这部分农户处于极度贫困状态。

表 3-23　多维贫困指数

加权维度(K)	贫困发生率(H)/%	贫困剥夺份额(A)	多维贫困指数(M_0)
1	82.23	34.26	28.17
2	70.87	37.46	26.55
3	38.43	46.77	17.98
4	26.45	51.79	13.70
5	17.15	56.63	9.71
6	4.55	69.48	3.16
7	2.69	73.08	1.96

五、多维贫困的分解

（一）维度分解

表3-24显示K取不同值时所对应的多维贫困指数（M_0），以及7个维度分别对总指数的贡献率。以$K=3$为例，多维贫困指数为0.1798，其中教育贫困的贡献率为12.62%，健康贫困的贡献率为3.61%，住房贫困的贡献率为13.73%，饮用水贫困的贡献率为24.30%，能源贫困的贡献率为10.59%，卫生设施贫困的贡献率为29.06%，耐用消费品消费贫困的贡献率为6.08%。当$K=3$时，卫生设施贫困和饮用水贫困最为突出，其次是住房贫困、教育贫困和能源贫困。

表3-24　不同K值下各维度的贡献率

K	M_0	教育		健康		住房/%	水/%	能源		卫生设施/%	耐用消费品/%
		教育水平/%	辍学状况/%	健康状况/%	医疗保险/%			通电/%	做饭燃料/%		
1	0.2817	8.97	2.57	3.51	0.31	8.26	29.96	0.05	9.48	32.58	4.30
2	0.2655	8.67	2.50	3.28	0.28	8.90	28.46	0.06	9.39	33.91	4.56
3	0.1798	9.90	2.72	3.20	0.41	13.73	24.30	0.08	10.51	29.06	6.08
4	0.1370	9.90	2.83	3.13	0.54	15.83	23.28	0.11	10.56	26.29	7.54
5	0.0971	9.69	2.67	2.58	0.61	16.67	23.10	0.15	10.79	24.62	9.12
6	0.0316	11.41	2.34	3.27	1.87	13.76	17.76	0.47	9.81	19.63	18.69
7	0.0196	12.02	2.50	3.76	0.75	14.05	19.55	0.75	9.02	19.55	18.05

（二）地区分解

表3-25体现了不同K值下防城区、凭祥市和梁河县的农户多维贫困指数对比情况。

表3-25　不同K值下三个地区的农户多维贫困指数

地区	K						
	1	2	3	4	5	6	7
防城区	0.3660	0.3495	0.3117	0.2527	0.1995	0.0803	0.0484
凭祥市	0.0663	0.0401	0.0219	0.0109	0.0066	0.0066	0.0000

续表

地区	K						
	1	2	3	4	5	6	7
梁河县	0.3229	0.3105	0.1779	0.1307	0.0838	0.0186	0.0137
总体	0.2817	0.2655	0.1797	0.1370	0.0971	0.0316	0.0196

从表3-25可以看出，无论 K 取何值，防城区的贫困指数均为最大，其次是梁河县，贫困指数最小的是凭祥市，这说明从多维的角度来看，防城区的贫困状况更为突出，其次是梁河县，凭祥市的贫困状况最轻。以下进一步考察各个贫困维度对于各地区多维贫困指数的贡献率。以 $K=3$ 为例进行分解，具体结果见表3-26。

表3-26　$K=3$ 时各地区各维度的贡献率　（单位：%）

地区	教育		健康		住房	水	能源		卫生设施	耐用消费品
	教育水平	辍学状况	健康状况	医疗保险			通电	做饭燃料		
防城区	14.90	4.84	2.84	0.95	9.05	19.32	0.19	12.31	26.89	8.71
凭祥市	10.00	0.00	10.00	0.00	6.67	26.60	0.00	13.33	13.33	20.00
梁河县	5.15	0.91	3.18	0.00	18.79	28.18	0.00	8.94	31.52	3.33
总体	9.90	2.72	3.20	0.41	13.73	24.30	0.08	10.51	29.06	6.08

从表3-26可以看出，当 $K=3$ 时，总体而言，卫生设施贫困和饮用水贫困的贡献率最高，其次是住房贫困和能源贫困，最后是教育贫困和耐用消费品消费贫困以及健康贫困。分地区来看，当 $K=3$ 时，防城区卫生设施贫困和水贫困贡献率最高，其次是教育贫困、能源贫困、住房贫困、耐用消费品消费贫困和健康贫困；凭祥市贫困贡献率从高到低的维度依次是水、耐用消费品、能源、卫生设施、教育、健康和住房；梁河县贫困贡献率从高到低的维度依次是卫生设施、水、住房、能源、教育、耐用消费品和健康。

六、多维贫困与农户特征

在多维贫困测度中，通常将30%及以上的维度被剥夺视为多维贫困，因此本书讨论 $k\geqslant3$ 时，处于多维贫困的农户与其各方面特征之间的关系。

（一）贫困农户的家庭规模特征

农户家庭人口数量不同，农户多维贫困发生率也不同，具体情况见表3-27。

表3-27　农户家庭规模与多维贫困发生率的关系　　（单位：%）

农户家庭规模	贫困发生率			
	防城区	凭祥市	梁河县	总体
1~2人	60.00	22.22	100.00	55.00
3~5人	61.29	4.23	43.90	38.76
6人及以上	64.81	0.00	16.67	34.92

从总体来看，随着家庭人口数量的增多，多维贫困发生率逐步降低，但从不同地区来看差别很大，防城区多维贫困发生率随着家庭人口数量的增多逐步上升，但均在60%以上，彼此差异不大；凭祥市和梁河县不同家庭规模农户的多维贫困发生率的差异较大。

（二）贫困农户的受教育水平特征

家庭劳动力受教育水平与农户多维贫困发生率呈现明显的负相关。随着家庭劳动力受教育水平逐步上升，农户多维贫困发生率明显下降（表3-28）。

表3-28　农户劳动力受教育水平与多维贫困发生率　　（单位：%）

农户劳动力受教育水平	贫困发生率			
	防城区	凭祥市	梁河县	总体
小学及以下	78.33	13.04	87.18	68.85
初中	58.14	3.64	38.46	34.02
高中/中专及以上	22.22	0.00	19.28	16.53

（三）贫困农户的劳动力数量特征

农户家庭劳动力占家庭人口比例的高低直接反映了农户的赡养和抚养负担，从表3-29可以看出，总体来说，家庭劳动力占家庭人口比例为1/3及以下的农户的多维贫困发生率为66.29%，家庭劳动力占家庭人口比例为1/3~2/3的农户的多维贫困发生率为33.11%，家庭劳动力占家庭人口比例为2/3以上的农户的多维贫困发生率为28.89%。因此，家庭劳动力占家庭人口比例与多维贫困发生率呈明显负相关，各地区分开来看也符合此规律。

表 3-29　家庭劳动力占家庭人口比例与多维贫困发生率的关系

家庭劳动力占家庭人口比例	贫困发生率/%			
	防城区	凭祥市	梁河县	总体
≤1/3	72.73	6.67	82.93	66.29
1/3～2/3	61.67	8.16	30.61	33.11
>2/3	53.57	0.00	19.29	28.89

（四）贫困农户的收入构成特征

外出务工收入已经成为农户的重要收入来源之一，是否外出务工直接关系到家庭收入的高低。从表 3-30 可以看出，总体而言，有家庭成员外出务工的农户的多维贫困发生率为 34.83%，无家庭成员外出务工的农户的多维贫困发生率为 56.10%，因此无成员外出务工农户比有成员外出务工农户的多维贫困发生率高，各地区分开来看也符合这一规律。

表 3-30　家庭成员外出务工情况与多维贫困发生率的关系（单位：%）

有无家庭成员外出务工	贫困发生率			
	防城区	凭祥市	梁河县	总体
有成员外出务工	55.17	1.28	38.40	34.83
无成员外出务工	82.35	20.00	50.00	56.10

（五）贫困农户的培训特征

培训是提高劳动力技能的有效途径，从表 3-31 可以看出，总体而言，有家庭成员参与培训的农户的多维贫困发生率为 23%，无成员参与培训的农户的多维贫困发生率为 50.55%，分地区来看也是有家庭成员参与培训的农户比无家庭成员参与培训的农户的多维贫困发生率低。

表 3-31　家庭成员参与培训情况与多维贫困发生率的关系（单位：%）

家庭成员参与培训	贫困发生率			
	防城区	凭祥市	梁河县	总体
有成员参与培训	45.16	0.00	21.21	23.00
无成员参与培训	68.89	6.17	70.00	50.55

（六）贫困农户的健康特征

家里是否有重病成员直接影响该家庭劳动能力和医疗支出，直接关系着农户的生存状态。从表 3-32 来看，总体而言，家庭有重病成员的农户的多维贫困发生率为 50%，家庭无重病成员的农户的多维贫困发生率为 36.21%，分地区来看，也是家庭有重病成员的农户多维贫困发生率高，因此贫困农户的健康特征对农户多维贫困有着明显的影响。

表 3-32　家庭成员健康情况与多维贫困发生率的关系　（单位：%）

家庭成员健康情况	贫困发生率			
	防城区	凭祥市	梁河县	总体
有重病成员	68.18	15.79	56.76	50.00
无重病成员	61.62	2.53	36.84	36.21

第四节　滇桂边境地区农户收入贫困和多维贫困的比较

一、收入贫困与多维贫困的关联与差异的统计分析

关于贫困的测度，在理论界一直存在着争议，有的学者认为用收入来测度贫困很合理，有的学者认为用多维贫困来测度贫困更合理。本书借鉴学者王小林对收入贫困和多维贫困的分析思路和方法，在前面分析滇桂边境地区农户收入贫困和多维贫困的基础上，进一步探讨滇桂边境地区农户收入贫困和多维贫困之间的关系。

根据表 3-33 可以看出，有 7.02% 的农户既是收入贫困户，也是多维贫困户；有 3.93% 的农户是收入贫困户，但不是多维贫困户；有 57.64% 的非收入贫困户，也是非多维贫困户；有 31.41% 的非收入贫困户，同时也是多维贫困户。占总体 10.95% 的收入贫困户中，64.11% 的农户同时也是多维贫困户，35.89% 的农户不是多维贫困户，这说明收入贫困测度结果和多维贫困测度结果具有较大的一致性，也说明用收入来度量贫困是比较合理的，收入是一个直观且合理的度量贫困的有效指标。

尽管收入贫困测度结果和多维贫困测度结果具有较大的一致性，但两者同时也有较大差异。从表 3-33 可以看出，有 31.41% 的农户不属于收入贫困户，但他们是多维贫困户，这部分农户有至少 30% 的维度被剥夺，也就是说在收入非贫

困的农户中，有 35.27% 的农户依然处于多维贫困中，有 3.93% 的农户摆脱了多维贫困，但未摆脱收入贫困，也就是说在摆脱多维贫困的农户中，只有 6.38% 的农户未摆脱收入贫困。因此，收入贫困与多维贫困测量结果存一定的差异性，相比较而言，多维贫困能更准确、更全面地刻画贫困状况，因此扶贫政策仅仅针对收入目标是远远不够的，还应包含多维度的贫困，这样才更加科学。

表 3-33　收入贫困与多维贫困的比较　　（单位：%）

多维贫困	收入贫困发生率	
	贫困（$X<2300$ 元）	非贫困（$X\geqslant 2300$ 元）
非贫困（$k<3$）	3.93	57.64
贫困（$k\geqslant 3$）	7.02	31.41

在多维贫困测度中，通常以 1/3 的维度被剥夺视为陷入多维贫困，2/3 以上的维度被剥夺视为极度多维贫困。为方便描述，本书对不同程度的多维贫困进行如下定义：$k=0$ 为非贫困；$0<k<3$ 即 30% 以下的维度被剥夺，视为脆弱性贫困；$3\leqslant k<7$ 即 30%～70% 的维度被剥夺，视为一般多维贫困；$k\geqslant 7$ 即 70% 及以上的维度被剥夺，视为极度多维贫困。以下进一步分析收入贫困和不同程度多维贫困之间的关系，具体结果见表 3-34。

表 3-34　收入贫困和不同程度多维贫困的差异　　（单位：%）

多维贫困	收入贫困发生率	
	贫困（$X<2300$）	非贫困（$X\geqslant 2300$）
非贫困（$k=0$）	0.21	11.98
脆弱性贫困（$0<k<3$）	3.72	45.66
一般多维贫困（$3\leqslant k<7$）	5.16	30.58
极度多维贫困（$7\geqslant k$）	1.86	0.83

从表 3-34 可以看出，有 11.98% 的农户非收入贫困户，同时也非多维贫困户，只有 0.21% 的农户非多维贫困户，但仍是收入贫困户；有 45.66% 的农户摆脱了收入贫困，但同时陷入脆弱性贫困，有 30.58% 的农户摆脱了收入贫困，但同时陷入一般多维贫困；有 0.83% 的农户摆脱了收入贫困，但处于极度多维贫困状态。也就是说，按照收入贫困线标准，有 77.07% 的农户摆脱了收入贫困，但他们都存在着不同程度的多维贫困。以上进一步说明了只采用收入来度量贫困的局限性，因此单纯收入贫困不能反映贫困的全貌，多维贫困测度及其识别在扶贫工作中有着相当重要的作用。

二、不同贫困维度对收入的 Logit 模型估计结果

农户收入水平的高低与农户其他维度的贫困之间有着密切的关联，以下利用 Logit 模型，以家庭人均收入作为解释变量，以多维贫困各个考察维度为被解释变量进行回归分析，回归结果见表 3-35。

表 3-35　不同贫困维度对收入的 Logit 模型回归结果

解释变量	被解释变量							
	多维度贫困	教育贫困	健康贫困	住房贫困	饮用水贫困	能源贫困	卫生设施贫困	耐用消费品消费贫困
人均纯收入的对数	-0. 9337	-0. 4941	-0. 4864	-1. 1936	-0. 4860	-0. 6105	-1. 4692	-1. 1346
Prob>z	0. 0000	0. 0020	0. 0090	0. 0000	0. 0010	0. 0000	0. 0000	0. 0000
观测值个数/个	484	484	484	484	484	484	484	484
Pseudo R^2	0. 0603	0. 0182	0. 0164	0. 0851	0. 0192	0. 0286	0. 1360	0. 0738

回归结果均符合预期，即人均纯收入上升会降低多维贫困及各维度贫困，多维贫困及所有其他维度贫困均显著。人均纯收入提高 10%，多维贫困概率下降了 8. 91% [$\exp(-0.9337\times10\%)-1=-0.0891$]，教育贫困概率下降了 4. 82%，健康贫困概率下降了 4. 75%，住房贫困概率下降了 11. 25%，饮用水贫困概率下降了 4. 74%，能源贫困概率下降了 5. 92%，卫生设施贫困概率下降了 13. 66%，耐用消费品消费贫困概率下降了 10. 73%。

从以上回归结果可以看出，随着收入增加，多维贫困的各维度贫困均有不同程度下降，这说明收入增加的确能改善农户其他维度的贫困；但随着收入的增加，其他维度贫困缓解最显著的依次是卫生设施贫困、住房贫困、耐用消费品消费贫困、能源贫困、教育贫困、健康贫困和饮用水贫困。卫生设施贫困、住房贫困、耐用消费品消费贫困下降幅度大，说明随着收入的上升，卫生设施、住房和耐用消费品消费贫困改善明显。能源贫困、教育贫困、健康贫困和水源贫困下降幅度比较小，说明随着收入的上升，农户在物质类方面的贫困相对容易降低，农户在教育、健康、饮用水水源、能源等非物质方面的贫困的缓解不明显，这些方面更多地依赖政府能提供更多的公共服务。

第五节　本章小结

从收入贫困测度结果来看，滇桂边境地区的贫困发生率较高，即贫困面广，贫困深度较深；从收入贫困与农户特征来看，家庭结构不健全、劳动力数量少、抚养赡养比例高、外出务工成员少、没有参加相关培训、有重病成员的家庭更容易陷入收入贫困。人均收入水平从高到低依次为凭祥市、防城区和梁河县，尽管人均收入越高，收入贫困发生率越低，但收入水平差距越大，越需要重点关注赤贫人口。多维贫困测度结果表明：第一，不论采用几个维度进行测量，防城区的贫困指数都高于梁河县和凭祥市，说明从多维角度来看，防城区的贫困状况更为突出；第二，就三个地区的总体情况来讲，饮用水贫困和卫生设施贫困最为突出，其次是住房贫困、能源贫困、教育贫困和健康贫困，最后是耐用消费品消费贫困；第三，三个地区相比较而言，防城区的教育贫困更为突出，教育维度中，防城区的适龄儿童辍学情况较为严重，健康维度中，凭祥市的健康状况较差，因病致贫情况最突出；凭祥市的饮用水情况较好，防城区和梁河县的饮用水情况很差，防城区和梁河县的做饭燃料条件和住房条件都很差。

从不同维度来看，不同地区的贫困既有共性，也有差异，不同地区的扶贫的重点内容不同。总体而言，饮用水、卫生设施、住房和做饭燃料方面贫困状况最为突出，以后要在这几个方面还需要多方筹措资金，加大投入，进一步改善滇桂边境地区的饮用水、卫生设施、住房和做饭燃料等条件，这样农民才能安居乐业。分地区来看，各地区的扶贫重点内容不同：防城区的教育贫困问题突出，其农户文化水平层次最低，儿童辍学比例也最高，因此防城区要在教育方面多下功夫，防城区与梁河县相比，虽然收入较高，但教育贫困贡献较大，相对较高的收入，并没有带来教育水平的显著提高，而通过教育投资提高人力资本是重要的脱贫路径，因此需要进一步加大教育培训力度，提高扶贫参与人员素质。凭祥市的健康状况问题较为严重，有必要进一步加强医疗卫生建设，提高医疗保障水平；梁河县的收入贫困在多维贫困指数中的贡献率更大，梁河县是多年的国家级贫困县，地处边境山区，交通不便，物流成本相当高昂，农户收入以农业为主，农业的风险又相当大，农户贫困问题相当突出，而凭祥市和防城区地处中越边境，广西沿边公路的开通和一些边境口岸的成立，为凭祥市和防城区边境地带的农户带来了增收机会。因此，以后还要在边境地区进一步加大基础设施的投入，大力发展边境贸易和边境旅游，采取多方面措施减少农业发展的风险，开拓多种增收渠道。

根据调研数据，对收入贫困测度和多维贫困测度之间的关系进行分析，可以看出，农户收入贫困测度结果和多维贫困测度结果既有一致性，也有差异性。收入是刻画农户贫困的很重要、很有意义的指标，但从多维角度对农户贫困进行刻画比单纯从收入角度更为准确和全面。贫困不单纯体现在收入方面的不足，也有非收入方面的不足，收入水平提高，非收入方面也会显著改善，因此采用收入测度贫困是很重要的指标，但仅仅是收入层面还不能反映贫困的复杂性和全面性，有必要从多维度来考察贫困。因目前精准扶贫识别的对象是家庭人均纯收入低于农村扶贫标准的农村居民，单维的收入贫困指标无法反映农户贫困的全貌。防城区与梁河县相比，防城区的人均收入高于梁河县，但是无论从多少个维度来看，防城区的多维贫困指数均高于梁河县，这说明在扶贫的过程中，不能仅仅以收入作为识别贫困人群的标准，需要考虑贫困的多个维度，有必要建立多维贫困数据库，有重点有目标地开展扶贫工作。体现人类福祉的非收入方面往往存在着市场失灵的情况，纯粹的市场也很难为低收入人群提供充分的公共服务和产品，或者说低收入者也往往很难拥有条件享受公共服务改善带来的好处。因此，在扶贫工作中，为科学起见，最好坚持收入贫困线和多维贫困指数相结合来进行考察，这有利于制定更加科学的扶贫政策和措施。

从收入与其他维度之间的关系来看，随着收入增加，多维贫困的各维度贫困均有不同程度下降，缓解最显著的依次是卫生设施贫困、住房贫困、耐用消费品消费贫困、能源贫困、教育贫困、健康贫困和饮用水贫困，这也说明随着收入的上升，农户在物质类方面的贫困相对容易降低，但对于教育、健康、饮用水、能源等非物质方面的贫困的缓解不明显，这些方面更多地依赖政府能提供更多的公共服务。

第四章 滇桂边境地区农村致贫因素及致贫机理

第一节 致贫因素及致贫机理的理论分析

关于贫困与反贫困理论，主要有福利经济学理论、发展经济学理论和马克思的反贫困理论。福利经济学理论注重研究“分配”给不同人群福利带来的影响，主张通过对“分配”进行合理的干预，保障弱势群体的利益；发展经济学将重心放在谋求发展上，主张发展经济，通过涓滴效应来实现减贫。结合中国扶贫工作的实际，国内学者关于反贫困的研究逐步走向对致贫因素的干预，分析致贫因素及致贫机理，通过适当的扶贫模式或手段对致贫因素进行干预来达到脱贫的目的。关于致贫因素及其机理，主要从以下因素来进行分析：自然环境因素、经济因素、社会因素、制度因素、文化因素和个体因素。

自然环境因素及其致贫机理：一是自然环境恶劣，资源不足，缺乏足够的资源用于生产和生活，导致贫困；二是自然条件恶劣，基础设施差，运输成本高，导致支出大，积蓄减少，再生产难于扩大；三是地理位置偏远，远离发达地区，远离市场，社会分工有限，生产效率不高；四是生态环境脆弱，灾害频发，消耗人类财富，发展生产与生态保护发生矛盾，扩大生产带来资源的过度消耗，生态恶化，导致贫困；五是区位偏远，交通不便，难以吸引外来投资，外出务工成本高，进出两难，影响农民收入结构，收入来源单一，导致贫困；六是环境封闭、交通不便，信息不通畅，贫困人口长期处于贫困状态，久而久之，形成了特有的贫困文化，固化了生活方式和思维方式，导致贫困人口不思进取、破罐子破摔，从而陷入长期贫困。总之，自然环境因素对贫困的影响相当深远，其致贫机理和路径具体如图 4-1 所示。

经济因素及其致贫机理：一是经济不发达，收入水平低，难以有积蓄用于扩大再生产，容易陷入贫困陷阱，脱贫困难；二是产业结构不合理，农业产业比例高，附加值低，风险高，农户收入单一，抗风险能力低；三是经济不发达、收入水平低，财政收入有限，教育和医疗及基础设施建设难以保障，影响人口素质的提高，缺乏人力资本，导致贫困；四是生产方式落后，对生态环境破坏大，导致

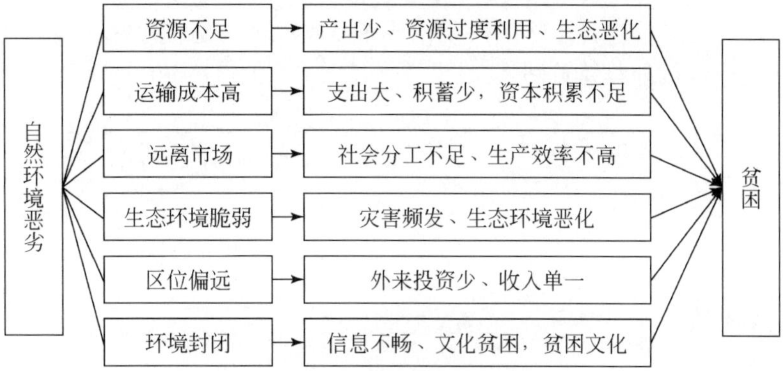

图 4-1　自然环境因素致贫机理

生态贫困。经济因素及其致贫机理具体如图 4-2 所示。

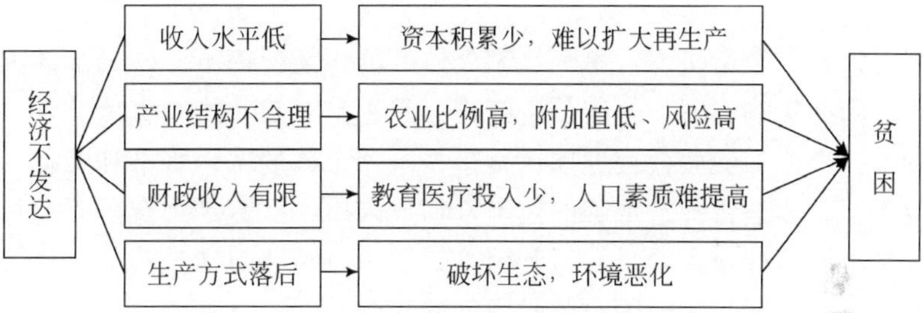

图 4-2　经济因素致贫机理

社会因素及其致贫机理：个体总是处于一定的社会关系中，个体的发展与周边的环境有密切关系，个体因为多种原因被社会所排斥，个体应有的权利得不到保障，导致能力贫困。个体因病因残，无法获得工作机会，政府和社会不能提供应有社会保障而必然陷入贫困；个体因为不同的风俗习惯和生活方式，得不到周围人的认同，被歧视被排斥，无法建立起良好的社会关系，得不到应有的帮助和情感交流，都可能会导致贫困。

制度因素及其致贫机理：由于相关制度的缺乏或现有制度的缺陷，弱势群体应有的权利得不到保障，从而陷入贫困。例如，现有的土地制度、户籍制度、就业制度、社会保障制度、医疗保险制度等，都存在着各种各样的缺陷与不足，无法充分保障贫困群体的相应权利，导致权利贫困。

文化因素及其致贫机理：一个地方的文化对人的思维方式、生活方式和行为方式等有着非常重要的影响。贫困群体长期生活在某个特定的区域，处于某种特定的状态下，久而久之，贫困群体被某种文化氛围包围，生活方式和行为方式固化，容易故步自封，态度消极，缺乏进取精神。贫困文化不仅影响贫困人群自身，还能通过代际传递，影响下一代，从而形成贫困文化与代际传递。贫困文化与代际传递作用机理具体见图 4-3。

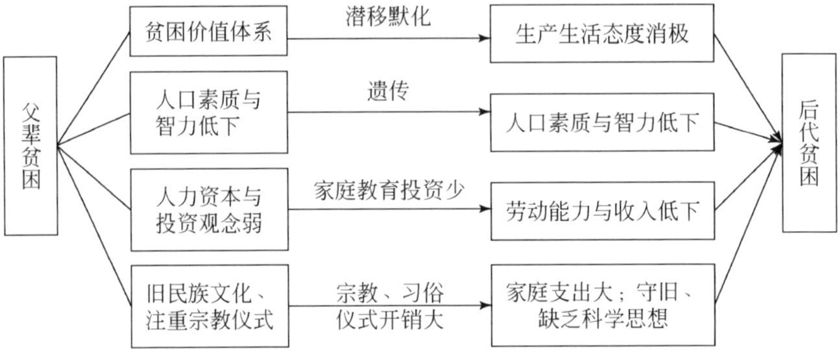

图 4-3　贫困文化与代际传递作用机理

个体因素及其致贫机理：每个贫困个体的具体情况都不一样，个体因素的方方面面对贫困的影响不同。个体是否健康，是否具有劳动能力直接关系到生产的劳动力投入；个体的受教育程度如何直接关系到个体的认识水平和劳动技能，直接影响生产；个体是否拥有足够的生产资料投入再生产，是否有积蓄能抵抗一定的风险，是否拥有社会资本，在遇到困难时能否及时获得帮助等，个体年龄、劳动能力、需求的不同都对贫困有不同程度的影响。

总之，各种致贫因素彼此互相联系，相互影响，因此在治理贫困时，不能采用单一的模式或办法，应该综合运用多种模式和办法，多管齐下，协同治理。

第二节　致贫因素及机理的一般分析

一、自然环境因素

（一）自然灾害多

滇桂边境地区地处偏远的边境地区，尤其是山区，交通不便，人均土地资源匮乏，自然灾害频发，农民生产生活条件恶劣，严重影响当地人民的脱贫致富。就防城区来说，防城区靠近东部沿海，每年夏季都遭遇台风威胁，2014 年 7～8 月，防城区连续遭遇两次大台风，有农户家里房顶完全被揭，无法正常生活。

2015 年，受第 8 号台风“鲸鱼”影响，6 月 23 日 20 时至 25 日 8 时，防城区沿海及高山地区出现 7～8 级阵风，雨量为中到大雨，局部暴雨，受灾严重。云南边境地区，山区地质疏松，暴雨来临，泥石流频发，毁坏村庄、房屋、公路和基本农田设施，农民生产生活受到严重影响。地震及其次生灾害又是滇桂边境地区人民面临的另一大威胁，滇桂边境地区由于地处亚欧板块和印度板块交界处，板块活动频繁，地震频发。除了以上自然灾害外，滇桂边境地区的旱季和雨季分明，也给当地人民的生产生活带来相当大的影响，每年 11 月至次年 4 月为旱季，5～10 月为雨季，4 月前的长时间干旱，导致春季播种遭遇春旱，5 月后长时间雨季，长期干旱后又长时间下雨，再遇上地震等，泥石流灾害严重，且长时间的雨季也会影响果树的挂果。以上这些特殊的自然因素都对当地人民的生产和生活带来严重影响，以至于脱贫困难、返贫率高。

（二）人均耕地少

据调查，防城区贫困少数民族 65% 居住在边境一线的山区，28% 居住在丘陵地带，山区地理位置偏僻，海拔较高，居住分散，村与村、屯与屯之间距离相距较远，人均耕地较少且耕地等级低，肥力差，灌溉条件有限，许多时候只能望天收。那良镇高林村的人均耕地面积只有 0. 37 亩，河西乡二古城自然村虽然人均耕地相对多一点，有 1. 37 亩，但人均高稳产农田面积仅为 0. 18 亩，山区有些有特色的农产品也无法扩大生产规模，农民的生产只能维持简单再生产，难有积蓄。

（三）生态脆弱

生态脆弱约束资源开发利用导致贫困。生态环境与经济发展密切相关，经过多年的经济发展，中国长期存在牺牲环境发展经济情况，环境问题刻不容缓。滇桂边境地区是中国许多大江和大河的发源地，多条河流跨越国界，是典型的国际生态涵养区，当地的生态环境保护，不仅关系着本国的经济发展，更关系着国际政治关系和经济关系，因此滇桂边境地区的农户往往面临着发展经济和保护环境的矛盾。要改变贫困落后的状态，就要发展经济，但滇桂边境地区生态环境脆弱，难以承载经济发展，导致资源利用过度，生态退化，生态环境更加脆弱，灾害频发，这反过来又影响农户的农业生产，导致农户贫困，陷入恶性循环。例如，滇桂边境地区的瑶族大多居住在山上，随着人口的增多，瑶族居民砍树、开荒，坡地地表裸露多，每逢雨季，造成更严重的滑坡和泥石流，贫困情况更加严重。

（四）地理位置偏远

地理偏远导致分工和市场发育不足。滇桂边境地区地理位置偏远，相对封闭，远离城市和发达地区，受到的经济辐射少，农户缺乏非农务工机会，发展非农产业困难；山区交通不便、流通成本高，怒江州总体地理情况为“两山夹一江”，山高坡陡，交通不便，少有平地，农业生产基本靠肩挑背扛，生产方式较为原始，效率低下，生产物资进入怒江州，要经过多次转运才能到达农户手中，运输成本高昂，生产的农产品要进入市场流通，同样艰难，这些因素都提高了生产成本和消费支出，收入有限，土地分散、居住分散，难以产生聚集效应，缺乏培育市场的土壤，市场发育不足；环境封闭、交通不便，导致信息闭塞，沟通和交易成本也更高，与外界信息交流和沟通不便，进而导致排外和自我封闭，小农意识强，不思进取。怒江州因为山高坡陡，电视信号和网络信号覆盖差，许多地方都收不到电视节目信号，没有网络信号，成为信息的“孤岛”，与外界信息交流困难，久而久之，贫困群体深受贫困文化的影响，难以突破自我。

二、基础设施因素

高黎贡山脉及其延续贯穿云南边境，六诏山和十万大山位于广西边境，滇桂边境地区地处偏远，山区较多，基础设施薄弱，土地资源匮乏，生产和生活成本高。防城区贫困少数民族65%居住在边境一线的山区，28%居住在丘陵地带，山区地理位置偏僻，海拔较高，居住分散，村与村、屯与屯之间距离相距较远，山区地理条件差，修建道路等基础设施成本相当高，建设困难，基础设施相当薄弱，以德宏州为例，整个德宏州境内没有一条铁路，也没有一条高速公路。广西边境地区在兴边富民行动的支持下，于2002年修成了著名的沿边公路，此公路的开通给广西边境地区带来了翻天覆地的变化，但随着时间的推移和经济的发展，沿边公路年久失修，坑坑洼洼，破烂不堪，早已无法适应现代经济发展的需要。交通不便导致这些偏远地区物流运输成本高，消费外地物资价格昂贵，自己生产的产品外销困难，生产和生活成本高，农民收入水平不高。许多农田水利设施还是20世纪六七十年代修建的，面对频发的泥石流等自然灾害，农民根本无法抵御，许多农田都是望天收。

（一）公路、铁路及相关基础设施供给不足

滇桂边境地区许多地方是山区，相对封闭，基础设施投入成本高，运营效率相对较低，基础设施严重不足，生活条件差。从表4-1可以看出，在铁路营业里

程方面，2016 年，广西总体水平超越全国平均水平，但广西的铁路主要集中在相对发达的广西东部地区，西南边境的铁路少之又少，云南的铁路营业里程远远落后于全国平均水平。从公路里程来看，云南的公路运输情况相对较好，广西的公路运输情况比较差。从建制镇市政公用设施的人均道路面积来看，云南和广西的平均水平均落后于全国平均水平，这说明农村道路设施方面的总体建设水平落后于全国农村平均水平。

表 4-1　2016 年云南、广西和全国道路拥有状况

地区	总人口数/万人	铁路营业里程		公路里程		建制镇市政公用设施的人均道路面积/(m²/人)
		总计/km	人均/(m/人)	总计/km	人均/(m/人)	
云南	4 771	3 651.5	0.076 5	238 052	4.99	9.63
广西	4 838	5 192.1	0.107 3	120 547	2.49	11.24
全国	138 271	123 991.9	0.089 7	4 696 263	3.40	12.84

资料来源：根据《中国统计年鉴 2017》《广西统计年鉴 2017》《云南统计年鉴 2017》进行整理

从云南边境地区的公路通车里程来看（表 4-2），与全国平均水平差别不大，但从公路等级结构来看，云南边境地区高速公路和一级公路比例非常低，四级公路和等外公路占据绝大部分，因此云南边境地区的高等级公路太少，运输效率较低。

表 4-2　2016 年云南边境地区公路情况

地区	公路通车里程/km	公路通车密度/(m/km^2)	人均公路通车里程/(m/人)	高速/km	一级/km	二级/km	三级/km	四级/km	等外公路/km
保山市	13 513	689.44	5.20	259	51	1 032	176	9 458	2 538
普洱市	20 236	445.73	7.73	200	5	966	608	14 427	4 030
临沧市	16 432	670.69	6.52	—	20	1 046	173	12 439	2 754
红河州	23 105	702.28	4.94	514	44	1 080	1104	17 641	2 722
文山州	16 079	499.35	4.44	361	59	752	883	12 248	1 775
西双版纳州	6 608	345.97	5.64	90	30	560	256	4 517	1 155
德宏州	8 148	708.52	6.30	134	51	575	177	5 878	1 333
怒江州	5 551	377.62	10.20	—	—	90	211	4 445	804

资料来源：根据《云南统计年鉴 2017》进行整理

注："—"表示数据缺乏

表 4-3 可以看出，2016 年年底，广西 8 个边境县市区中，每万人拥有公共汽

车营运数量不及全国平均水平的零头，这说明尽管广西边境县市区公路建设有了改善，但公共汽车投入不足，运行效率低，广西边境地区的出行状况堪忧。

表 4-3　2016 年广西边境县市区人均实有公共汽车营运数量

地区	行政区域土地面积/km^2	常住人口/万人	年末实有公共汽车营运数量/辆	年末人均实有公共汽车营运数量/(辆/万人)
东兴市	589	15.71	100	6.37
防城区	2 427	38.81	109	2.81
宁明县	3 704	35.08	23	0.66
龙州县	2 311	22.57	39	1.73
大新县	2 748	30.53	25	0.82
凭祥市	645	11.75	85	7.23
靖西市	3 326	51.95	41	0.79
那坡县	2 223	15.95	37	2.32
全国	9 600 000	138 271	14 357 700	103.84

资料来源：根据《广西统计年鉴 2017》进行整理

从实际调研情况看，广西沿边公路的修建，为广西边境地区带来翻天覆地的变化，沿边公路于 2002 年 10 月全线通车，随着沿边公路的修建和经济发展，沿边里火口岸和峒中口岸的边境贸易越来越发达，货物运输需求增加，此外沿边公路的开通了也带来了沿边旅游的兴旺，来往的游人越来越多，但沿边公路到现在已经十几年，年久失修，路面坑坑洼洼，其运输效率大打折扣，沿边公路已经不能满足需求，亟待修缮和升级。

（二）通信设施普及率不高

从广西边境 8 个县市区通信设施及互联网宽带接入情况来看，东兴市固定电话、移动电话和宽带网络普及率最高，靖西市和那坡县宽带网络普及率最低且普及水平相当低。具体情况见表 4-4。

表 4-4　2016 年广西边境县通信设施及宽带网络接入情况

边境县、市、区	常住户数/户	年末固定电话用户数/部	固定电话用户数与常住户数之比/%	年末移动电话用户数/部	每户开通移动电话数/部	宽带网络接入户数/户	宽带网络接入户数与常住户数之比/%
东兴市	45 464	33 098	72.80	185 045	4.07	45 128	99.26
防城区	103 115	23 904	23.18	412 738	4.00	44 577	43.23

续表

边境县、市、区	常住户数/户	年末固定电话用户数/部	固定电话用户数与常住户数之比/%	年末移动电话用户数/部	每户开通移动电话数/部	宽带网络接入户数/户	宽带网络接入户数与常住户数之比/%
宁明县	113 913	10 886	9.56	223 684	1.96	26 786	23.51
龙州县	69 112	12 001	17.36	192 604	2.79	31 188	45.13
大新县	102 135	19 789	19.38	323 441	3.17	34 687	33.96
凭祥市	39 167	15 058	38.45	111 563	2.85	27 834	71.06
靖西市	138 003	25 620	18.56	287 493	2.08	29 525	21.39
那坡县	50 428	9 273	18.39	109 947	2.18	9 084	18.01

资料来源：根据《广西统计年鉴 2017》进行整理

（三）生活条件差

据《中国农村贫困监测报告 2016》资料显示，滇西边境山区通电农户比例高达 100%，管供水比例为 77.2%，净化处理自来水比例为 29.8%，饮用水无困难比例为 84.1%，有独用厕所比例为 75.7%，炊用柴草比例为 64.5%。就自然村来说，通电话比例为 100%，有有线电视信号比例为 95.8%，通宽带网络比例为 73.1%，主干道路硬化比例为 87.6%，通客运班车比例为 49.7%，有卫生室比例为 84.9%，有幼儿园或学前班比例为 73.1%，有小学且便利入学比例为 83.8%。每百户农户拥有耐用消费品状况为：汽车 14.2 辆、洗衣机 68.7 台、冰箱 67.7 台、移动电话 262.5 部、计算机 9.5 台。将滇西边境山区农户的住房及生活条件与全国贫困地区农户水平相比较，在通信和家电等耐用消费品、教育和卫生保障方面，滇西边境山区相对水平较高，但在饮用水、卫生设施、道路、客运、宽带网络接入和计算机方面，滇西边境山区落后全国贫困地区农户较多，贫困问题比较突出。具体情况见表 4-5。

表 4-5　2016 年全国贫困农户和滇西边境山区农户生活条件

项目	全国贫困地区农户	滇西边境山区农户
电照明比例/%	99.3	100
管供水比例/%	67.4	77.2
净化处理自来水比例/%	40.8	29.8
饮用水无困难比例/%	87.9	84.1
有独用厕所比例/%	94.2	75.7

续表

项目		全国贫困地区农户	滇西边境山区农户
炊用柴草比例/%		51.4	64.5
自然村	通电话比例/%	99.9	100
	有有线电视信号比例/%	94.2	95.8
	通宽带比例/%	79.8	73.1
	主干道路硬化比例/%	96.0	87.6
	通客运班车比例/%	63.9	49.7
	有卫生室比例/%	91.4	84.9
	有幼儿园或学前班比例/%	79.7	73.1
	有小学且便利入学比例/%	84.9	83.8
每百户农户拥有	汽车/辆	11.1	14.2
	洗衣机/台	80.7	68.7
	冰箱/台	75.3	67.7
	移动电话/部	225.1	262.5
	计算机/台	15.1	9.5

资料来源：根据《中国农村贫困监测报告2017》整理而得

从实地调研来看，课题组在那良镇高林村与村委会干部进行座谈了解到，村里农户的饮水工程管网设施已经有10多年，且管网的材质不是特别好，现在老化严重，管网设施有待更新，边远山区少数民族仍然有很多主要靠接田沟水或者到较远的山沟挑水来解决日常生活用水；仍有许多农户无房或住危房，大量农户还没有用上卫生厕所，边远山区少数民族有的住户松散地居住在山顶或半山腰，住房矮小，条件简陋，有的人畜混居，居住环境恶劣。

三、公共服务因素

（一）公共服务预算支出水平低

由于多方面原因，西南边境地区发展落后，尽管政府在扶贫开发上投入了大量资金，但远远满足不了西南边境地区的脱贫工作对资金的实际需求，许多扶贫项目资金需求大，政府财政投入资金有限，特别是州县财政投入不足，加之贫困村集体经济薄弱，群众自筹能力低，缺乏持续发展的能力。

从一般公共预算主要支出项目的金额结构来看（表4-6），2016年一般公共预算支出方面，用于教育、医疗卫生及社会保障方面的经费，云南和广西的人均支出水平均要远远低于全国人均支出水平。在医疗卫生和计划生育方面，云南和广西的人均支出水平比较接近全国人均支出水平。因此，在一般公共预算支出方面，云南和广西的预算支出与教育、科学技术、文化体育与传媒、社会保障和就业方面巨大的资金需求相比，存在着巨大的差距。

表 4-6　2016 年一般公共预算主要支出项目及金额

地区		教育	科学技术	文化体育与传媒	社会保障和就业	医疗卫生和计划生育
云南	总计/亿元	871.14	46.86	77.93	692.38	466.98
	人均/(元/人)	182.59	9.82	16.33	145.12	97.88
广西	总计/亿元	854.55	45.20	71.08	538.95	468.18
	人均/(元/人)	176.63	9.34	14.69	111.40	96.77
全国	总计/亿元	28 072.78	6 563.96	3 163.08	21 591.45	13 158.77
	人均/(元/人)	203.03	47.47	22.88	156.15	95.17

资料来源：根据《中国统计年鉴 2017》《广西统计年鉴 2017》《云南统计年鉴 2017》整理而得

根据笔者在德宏州进行的调研，每年国家及云南省政府安排兴边富民行动重点县资金为 400 万～500 万元，而每县市拥有 200 个以上的少数民族聚居自然村，按每村投入兴边富民行动项目资金 50 万元计算，每年仅能覆盖 8 个自然村，覆盖率较低且一个自然村的水、电、路、教育、文化、医疗、产业、安居等各方面均需要投入，加之群众原始积累少，自筹能力弱，50 万元项目难以覆盖。德宏州为促进农村危房改造，可以对进行房屋改造的贫困户每户补贴 1 万元，但前提是房屋改造必须要达到相关要求，据测算，达到改造要求的新修或改造房屋在当地的造价通常是 5 万～8 万元，也就意味着农户要自掏资金 5 万～8 万元来新修或改造房屋，然后通过上级验收合格才能拿到 1 万元的补贴，对于当地的农户来说，能拿出 5 万～8 万元的资金已是相对富裕的农户。对于需要移民搬迁的贫困户，搬迁农户通常需要自己负担一些，但由于搬迁费用相当高昂，许多需要搬迁的贫困农户根本无法负担，最终出现搬富不搬穷的现象。

（二）教育水平不高

提高教育水平是提高持续脱贫能力的关键，据统计（表 4-7），2016 年，云南、广西和全国的平均小学学龄儿童入学率分别为 99.7%、99.6% 和 99.9%，云南和广西在小学学龄儿童入学率方面均落后于全国平均水平，尤其是广西，落后幅度较大，小学学龄儿童辍学率达到 0.4%，为全国平均水平的 4 倍。

表 4-7　2016 年小学学龄儿童入学率

地区	总计/%	男生/%	女生/%
云南	99.7	99.8	99.7
广西	99.6	99.6	99.6
全国	99.9	—	—

资料来源：根据《中国统计年鉴 2017》、《广西统计年鉴 2017》和《云南统计年鉴 2017》整理而得
注："—"表示数据缺失

从广西义务教育普及程度来看（表 4-8），小学生辍学率 0.1%，小学毕业升学率为 99.8%，小学生五年保留率为 96.8%，普通初中生三年保留率为 96.6%，普通初中辍学率 1.4%，初中毕业升学率 90.3%。从以上数据可以看出，广西小学生和初中生辍学比例较高，初中毕业后，进一步深造读书的比例也比较低。

表 4-8　2016 年广西义务教育普及程度　（单位：%）

指标	小学学龄儿童入学率	小学生辍学率	小学毕业升学率	小学生五年保留率	普通初中生三年保留率	普通初中辍学率	初中毕业升学率
比例	99.6	0.1	99.8	96.8	96.6	1.4	90.3

资料来源：根据《中国统计年鉴 2017》《广西统计年鉴 2017》整理而得

从 6 岁以上人口受教育程度来看（表 4-9），2016 年，云南未上过学的人口占比高达 8.72%，云南和广西约 70% 的人口受教育水平集中在小学和初中水平，中职教育水平与中国平均水平比较接近，普通高中、大学专科、大学本科和研究生的比例均远远落后于全国平均水平。

表 4-9　2016 年 6 岁以上人口受教育程度

地区		6 岁以上人口数	未上过学	小学	初中	普通高中	中职	大学专科	大学本科	研究生
云南	人数/10^3 人	36 930	3 219	14 306	12 135	2 850	1 210	1 566	1 580	64
	比例/%	100.00	8.72	38.74	32.86	7.72	3.28	4.24	4.28	0.17
广西	人数/10^3 人	36 994	1 697	10 350	16 376	3 932	1 684	1 879	983	92
	比例/%	100.00	4.59	27.98	44.27	10.63	4.55	5.08	2.66	0.25
全国	人数/10^3 人	1 077 322	61 448	275 939	418 395	137 409	44 762	74 338	59 235	5 797
	比例/%	100.00	5.70	25.61	38.84	12.75	4.15	6.90	5.50	0.54

资料来源：根据《中国统计年鉴 2017》整理而得
注：表 4-9 是 2016 年全国人口变动情况抽样调查样本数据，抽样比为 0.837‰

从 15 岁以上文盲人口比例来看（表 4-10），云南的文盲人口比例为 8.83%，远远高出全国平均水平 5.28%，尤其是女性文盲比例更是高达 12.53%；广西 15

岁以上人口文盲比例为3.79%，低于全国平均水平。

表4-10　2016年15岁以上文盲人口情况

地区	15岁及以上人口/10^3人			文盲人口/10^3人			文盲人口占15岁及以上人口的比例/%		
	总计	男	女	总计	男	女	总计	男	女
云南	32 301	16 265	16 036	2 853	842	2010	8.83	5.18	12.53
广西	31 991	16 441	15 550	1 212	241	971	3.79	1.47	6.24
全国	965 321	488 944	476 376	50 980	13 402	37 578	5.28	2.74	7.89

资料来源：根据《中国统计年鉴2017》整理而得

注：表4-10是2016年全国人口变动情况抽样调查样本数据，抽样比为0.837‰

从2016年各类教育平均每十万人在校学生数来看（表4-11），在初中及以下阶段，广西总体水平超过全国平均教育水平，高中阶段在校生人数比例远超全国平均教育水平，但高等学校学生比例比全国平均教育水平低；云南的小学、初中和高中在校生比例略高于全国平均教育水平，但高等学校在校生比例远远低于全国平均教育水平，学前教育在校生比例也远远低于全国平均教育水平。这说明小学、初中、高中阶段的教育保障水平与全国差别不大，但高等教育水平与全国平均教育水平相差比较远，尤其是云南，除了高等教育人数比例特别低以外，学前教育的保障水平还远远不够，大大低于全国平均教育水平。

表4-11　全国、广西、云南2016年各类教育平均每十万人在校学生数

（单位：人）

地区	每十万人在校学生数				
	高等学校	高中	初中	小学	学前教育
广西	2279	3602	4144	9411	4371
云南	1889	2965	3950	7942	2773
全国	2530	2887	3150	7211	3211

资料来源：根据《中国统计年鉴2017》整理而得

教育发展落后，除了人口受教育水平不高外，还体现在以下几个方面。

第一，教育基础设施落后，教学设备缺乏。防城区有部分地区教学点的学校还没有全部实现校舍楼房化，加上受台风等自然灾害的破坏，校舍危房面积较大，特别是边远山区及边境一线的少数民族聚居地区，部分教学点仅有一间教室，每个学生均有校舍面积不足2 m^2。同时，大部分学校教学设施陈旧落后，既缺乏报刊图书、小学自然实验和初中理化生实验设备，也缺乏电脑室、语音室、多媒体等现代化教学设备。边远农村学生生源分散，许多学校没有住宿条件，老师和学生都需要花很多时间在路上，没有配备标准校车，即使有校车，校车的安全保障水平也不足，司机也缺乏严格训练和安全责任意识，存在很大安全隐患。

第二，学校撤并，学生上学难。随着城镇化步伐的推进，农村人口不断向城市流动，农村生源越来越少而且越来越分散，政府出于效率等多方面的考虑，对农村学校进行了撤并，但针对农村适龄儿童入学问题跟进措施不到位，造成了农村儿童入学困难。课题组成员在梁河县九保阿昌族乡勐科村和那良镇高林村调研了解到，勐科村的适龄儿童就读小学距离有 15 km，目前高林村只有一个小学，学校只有 1 个老师，只开一二年级的课，由这一个老师教这两个年级的学生，三年级及以上的学生要到更远的 4 ~5 km 外的滩散小学就学，而高林村坑怀屯就有适龄儿童40 多人，由于小学没有寄宿条件，也没有校车接送，家长每天早晚都要花时间接送孩子上学，耽误了生产劳动，让很多家庭难以负担，以至于许多家庭条件差的小孩读完一、二年级就辍学，坑怀屯的民众甚至要求自己凑钱给老师发工资，请老师到坑怀屯教学。防城区和梁河县农户调查结果显示，防城区有适龄儿童辍学的户数比例占受访户数的 16. 53%，梁河县农户调查中此比例也达 7. 46%。教育投入不足严重阻碍了边境地区人民文化素质的提高。

（三）医疗卫生条件相对较差，缺医少药

从统计数据来看（表4-12），云南和广西每千人口拥有卫生技术人员为5. 23 人和5. 99 人，低于全国平均水平 6. 12 人；云南和广西城市每千人口卫生技术人员为 13. 29 人和 8. 57 人，云南城市居民拥有的卫生技术人员远超全国城市平均水平，广西城市居民拥有的卫生技术人员远低于全国城市平均水平；云南和广西农村每千人口卫生技术人员分别为 3. 99 人和 3. 85 人，云南和广西低于全国农村平均水平 4. 04 人。

表 4-12　2016 年全国、云南、广西每千人口拥有卫生技术人员

（单位：人）

地区	每千人口卫生技术人员		
	合计	城市	农村
云南	5. 23	13. 29	3. 99
广西	5. 99	8. 57	3. 85
全国	6. 12	10. 79	4. 04

资料来源：根据《中国统计年鉴 2017》整理而得

从每千人口医疗卫生机构床位数来看（表4-13），云南和广西分别为5. 31 张

和4.44张，低于全国平均水平5.37张；从农村和城市的差异来看，云南城市每千人口医疗卫生机构床位数远高于全国平均水平，城市水平远高于农村水平，但农村拥有的床位数超过了全国的平均水平；广西城市和农村每千人口医疗卫生机构床位数分别为5.86张和3.29张，均远低于全国城市和农村的平均水平。从每千农村人口乡镇卫生院床位数来看，云南平均水平与全国平均水平接近，广西平均水平高于全国平均水平。从设卫生室的村数占行政村的比例来看，云南和广西均达到了100%，高于全国93.3%的平均水平。

表4-13　2016年全国、云南、广西医疗卫生资源情况统计

地区	每千人口医疗卫生机构床位数/张			每千农村人口乡镇卫生院床位数/张	设卫生室的村数占行政村的比例/%
	合计	城市	农村		
云南	5.31	10.62	4.52	1.14	100.00
广西	4.64	5.86	3.29	1.50	100.00
全国	5.37	8.41	3.91	1.27	93.30

资料来源：根据《中国统计年鉴2017》整理而得

从每千人口拥有的医疗资源数量来看，云南总体水平较高，广西总体水平比较低，云南和广西的医疗卫生条件总体不错，但从医疗质量上看，滇桂边境地区卫生技术人员水平相对较低，医疗条件相对较差，缺医少药问题非常突出。从调研情况看，防城区少数民族聚居区和边远山区的医疗卫生条件仍然十分落后，乡镇卫生院和村卫生室业务用房年久失修，医疗设备陈旧，缺乏基本的诊疗设备。少数民族聚居村的医疗卫生条件更差，有的村虽然有1～2个赤脚医生和护士，但医药和医疗器械严重匮乏，许多常见病都无法处理。大部分边境山区和少数民族聚居区由于离乡镇卫生院和村卫生室路途太远，村民尽量减少就医，疾病隐患不能及时被发现，小病容易拖成大病，最终因病致贫。

四、产业因素

产业发展是地区发展和脱贫的根本，造血式扶贫依赖产业的发展。从经济发展的规律来看，第一产业的附加值低，风险大，增收有限，一个地方的经济发展主要依靠第二产业和第三产业的发展，尤其是第三产业附加值高且吸纳就业能力强。比较理想的经济结构是第三产业为主，约占70%；第二产业次之，约占30%；第一产业最末，控制在5%以下。

从表4-14可以看出，2016年，全国三次产业的构成比例为8.56%、39.81%、51.63%，与全国相比，滇桂边境地区第一产业比例远远高于全国平均水平，第三产业比例相对较低。云南边境地区绝大多数地区第一产业比例在20%以上，第一产业比例相对较低的红河州和怒江州也在15%以上。因为农业天生面临的自然风险和市场风险高、附加值低，所以农业投入高产出低，农民增收困难。

表4-14 2016年滇桂边境地区三次产业结构 （单位：%）

地区		第一产业比例	第二产业比例	第三产业比例
云南	保山市	24.71	34.79	40.50
	普洱市	26.83	34.43	38.74
	临沧市	28.08	33.73	38.19
	红河州	16.07	45.08	38.85
	文山州	21.14	35.69	43.17
	西双版纳州	25.19	26.94	47.87
	德宏州	24.12	24.44	51.44
	怒江州	15.81	29.95	54.24
广西	防城港市	12.22	57.13	30.65
	百色市	16.36	53.37	30.27
	崇左市	21.88	40.55	37.57
全国		8.56	39.81	51.63

资料来源：根据《中国统计年鉴2017》整理而得

以笔者深入调研和考察的梁河县、防城区和凭祥市为例，如果边境贸易和旅游业发展得比较好，其产业结构就更优化（表4-15）。梁河县三次产业的构成比例为32.9%、16.7%、50.4%，防城区三次产业的构成比例为21.2%、43.0%、35.8%，凭祥市三次产业的构成比例为8.1%、28.6%、63.2%。将全国三次产业的比例和梁河县、防城区、凭祥市进行对比，可以看出梁河县和防城区的GDP中第一产业所占的比例远远超出全国平均水平，尤其是梁河县，第一产业比例达到32.9%，第二产业和第三产业严重偏低，凭祥市三次产业结构与全国平均水平比较接近。在梁河县进行调研了解到，全县仅有涉及锡、糖、硅和电方面的四个规模很小的工业企业，工业品滞销、价格下跌，糖厂因为糖价下跌，无法及时支付蔗农的甘蔗款，使部分已经脱贫的蔗农重新陷入贫困，原来即为贫困户的蔗农更是雪上加霜。

表4-15 2016年防城区凭祥市、梁河县GDP及三次产业构成

地区	生产总值/亿元	第一产业比例/%	第二产业比例/%	第三产业比例/%
防城区	138.9	21.2	43.0	35.8

续表

地区	生产总值/亿元	第一产业比例/%	第二产业比例/%	第三产业比例/%
凭祥市	65.4	8.1	28.7	63.2
梁河县	19.9	32.9	16.7	50.4

资料来源：根据《中国统计年鉴2016》《广西统计年鉴2016》《云南统计年鉴2016》整理而得

家庭种养收入和外出务工收入是农民收入的主要来源，贫困山区农民耕地资源少，土地贫瘠，农地分散，生态环境脆弱，农产品难卖，价格不稳定，家庭种养收入不高。据调查组深入防城区那良镇高林村调查得知，该村坑怀屯村民小组全组52户269人，人均只有0.1亩地，经济收入主要来源是伐木、打柴火或上山采草药出售。另外，边远山区劳动力大多数文化层次低，且没有经过技能培训，外出打工往往只能干最脏最累且工资最低的活儿，外出务工收入也非常有限。

大多数边境地区属山区，自然资源丰富，但农业基础薄弱，耕作方式落后，利用率极低，单位面积产出少。加之交通不便，物流不畅，成本高、效益低，优势资源难以转化为优势产业，缺乏致富支柱产业。种养业是边境地区农户的主要收入来源之一，农业是天生的弱质产业，由于受自然条件约束、生产周期长、农产品需求弹性小等因素影响，农业发展不仅自然风险大且市场风险也很大。滇桂边境地区山区很多，交通不便，土地面积有限，土地贫瘠，农业生产投入大、成本高、收益低。课题组在梁河县调研了解到，由于人均土地少，即使有特色农业的市场需求，也无法进行规模化的生产；由于交通不便，物资进出梁河县的运输成本很高，滇桂边境地区旱季雨季分明，旱季在春季，播种困难，雨季易发山洪和泥石流，毁坏农田和作物。农业生产除了面临这些自然风险外，还面临着巨大的市场风险。近年来，梁河县的甘蔗大丰收，但受糖价下跌影响，当地糖厂无法支付农户甘蔗款，许多农户重新陷入贫困；烟叶种植历史很长，一直是农户重要的收入来源，由于国家限制烟叶发展，许多农户面临种植结构转型，但还没有明确的转变方向。还有许多地方发展扶贫农业项目，只注重生产，追求产量，不关心市场，导致许多同质项目一哄而上，农户投入越多，生产规模越大，产品越卖不出去，农民增收困难。

五、特殊边境及历史文化因素

（一）边境环境复杂

广西和云南与越南和缅甸相邻，因此滇桂边境的发展受邻国相关因素的影响，具体主要体现在以下三个方面：一是相邻国家的军事冲突让滇桂边境地区承受压力。缅甸独立后，中央政府与地方少数民族之间的矛盾不断激化，造成缅甸北部频发少数民族武装与政府军的军事冲突，波及中缅边境，边贸和人员往来会受影响[①]（郭晓明，2018）。二是边境流动人口复杂，社会管理难度大。滇桂边境地区分别与缅甸、老挝、越南接壤，在边境地区居住着多个跨境民族，他们属于同一民族，但分属两个不同的国家，他们同宗同源，有着相同的文化和习俗，来往密切。三是滇桂边境地区位置特殊，容易受毒品影响。滇桂边境地区地处边境，区位特殊，靠近全球毒品中心，吸食毒品导致社会财富大量流失，破坏社会生产力，使社会环境陷入动荡不安，使身处社会环境中的人产生不安全感（徐艺华，2018），掏空农户的家底，更是残害农民的身体，一旦农户沾染上毒品，其正常的生产和生活难以为继。

（二）社会发育程度低

云南境内分布着大量的“直过民族”，由于特殊的历史原因，“直过民族”不得不面对急剧的社会转型，从原始社会或奴隶社会直接过渡到社会主义社会，在转型过程中，面临着各种困难和障碍。经过多年的扶持，“直过民族”分布集中的地区已经取得了飞跃性的发展，但由于多方面原因，“直过民族”整体依然处于贫困状态。多数“直过民族”居住在山区，自然环境恶劣，交通不便，生活相对封闭。由于是从原始社会直接过渡到社会主义社会，“直过民族”的文化水平很低，许多“直过民族”的社会意识还停留在20世纪五六十年代，保留着先前的思维和生活方式，由于没有文化，无法顺应社会的发展，跟不上信息时代的要求，多年来形成的习惯、思维方式、生活方式和落后的生活习惯在短时间内难以改变，使“直过民族”至今仍然处于较为贫穷和落后的状态。

由于多种原因，滇桂边境地区人民受教育程度和社会发育水平低。一是由于基础教育发展起步晚、底子薄，加之投入严重不足、办学条件差、教育手段落后等原因，群众文化水平较低，人口文化素质偏低。二是受传统民族文化的影响，思想受束缚，缺乏进取精神，人力资本缺乏，自我发展能力有限，贫困代际传递现象突出。红河州金平县拉祜族文盲率90%；河口县有的瑶族村寨青壮年文盲率达95%以上。笔者在广西防城港市防城区那良镇的边境山区进行入户调查，发现31.1%农户有适龄儿童辍学，50.8%农户家庭劳动力的最高受教育程度在小学及以下。滇桂边境地区“直过民族”的受教育程度有限、教育贫困突出，人

① 缅北战事再起：和平进程和民族和解何去何从？新华网，http://www.xinhuanet.com/world/2016-11/22/c-1119959879.htm.

力资本严重不足，社会发育程度低，许多扶贫措施在直过民族地区难以奏效，贫困的代际传递现象突出。

第三节　致贫因素及致贫机理的实证分析

第二节对滇桂边境地区的致贫因素及致贫机理进行了一般分析，农户贫困受滇桂边境地区的自然环境、基础设施、公共服务、产业、特殊边境及历史文化等因素影响，故将这些因素与农户自身相联系，结合笔者进行实地农户调研的情况，认为农户家庭成员的受教育程度、健康状况、劳动力数量、劳动技能培训状况、是否外出务工、饮用水水源状况、住房情况、拥有的生产资料等因素都对农户贫困有影响。本节利用农户调查数据，对农户贫困的影响因素进行定量分析。

根据第三章对农户收入贫困和多维贫困的分布情况分析，发现收入贫困和多维贫困存在不同程度的贫困户覆盖和遗漏情形，如样本中45.66%的农户为收入非贫困但属于脆弱性多维贫困，30.58%的农户为收入非贫困但属于一般多维贫困，所以收入贫困和多维贫困是从两个不同的维度来度量贫困，测度结果也有差异，有必要分别研究其各自的影响因素，以便更深入地了解各自的影响因素及机理。

一、农户收入贫困的致贫因素及传导机理

（一）建立二元 Logit 模型

第四章分别讨论了农户收入贫困和多维贫困的分布情况，发现收入贫困和多维贫困对贫困的测度有较大的差异，存在不同程度的贫困户覆盖和遗漏情形，所以有必要分别研究其各自的决定因素。

本节选取收入贫困作为因变量，基于调查问卷数据可获得性及收入贫困的决定理论，选取家庭人口数、劳动力人数、劳动力最高受教育程度、受到专业技能培训的劳动力人数、户主健康状况、是否有电动车/摩托车、是否有家庭成员外出务工、人情往来随礼是否过高、生活是否受到自然灾害威胁、饮用水情况和是否有家庭成员重病作为解释变量进行回归分析。由于解释变量为0～1变量且线性概率模型存在预测概率可能落在［0,1］之外、条件异方差性等缺陷，本书采用 Logit 模型来刻画收入贫困二元变量和各解释变量之间的非线性关系。

因变量和解释变量的表示见表4-16。

表 4-16　变量和符号及解释

变量	符号	解释
收入贫困	y	1 为收入贫困，0 为非收入贫困
家庭人口数	x_1	家庭人口数量
劳动力人数	x_2	家庭劳动力人数
劳动力最高受教育程度	x_3	0 为文盲，1 为小学，2 为初中，3 为高中或中专，4 为大专以上
受到专业技能培训的劳动力人数	x_4	家庭接受专业技能培训的劳动力人数
户主健康状况	x_5	0 为差，1 为中等或良好
是否有电动车/摩托车	x_6	1 为拥有，0 为没有
是否有家庭成员外出务工	x_7	1 为是，0 为否
人情往来随礼是否过高	x_8	0 为是，1 为否
生活是否受到自然灾害威胁	x_9	0 为是，1 为否
饮用水情况	x_{10}	0 为河水、塘水或山泉水，1 为井水或自来水
是否有家庭成员重病	x_{11}	0 为是，1 为否

构建如下 Logit 模型：

$$P(y=1 \mid x)=\frac{1}{1-e^{-g(x)}}$$

其中

$$g(x)=\beta_0+\beta_1x_1+\beta_2x_2+\beta_3x_3+\beta_4x_4+\beta_5x_5+\beta_6x_6+\beta_7x_7+\beta_8x_8+\beta_9x_9+\beta_{10}x_{10}+\beta_{11}x_{11}$$

运用 Stata 13.1 软件，对农户是否陷入收入贫困进行二元 Logistic 回归。先将以上 11 个自变量进行全 Logit 回归，并进行 Hosmer-Lemeshow GOF 检验，然后运用逐步回归法进行变量筛选，最后对筛选模型再次进行二元 Logistic 回归和 Hosmer-Lemeshow GOF 检验。在进行 Hosmer-Lemeshow GOF 检验时，为了保证结果的稳健性，分别选取 8 组、10 组和 12 组进行检验。

（二）输出结果

收入贫困影响因素的 Logit 回归分析结果见表 4-17。

表 4-17　收入贫困影响因素的 Logit 回归分析结果

解释变量	全部回归结果		逐步回归	
	P 值	优势比 exp(b)	P 值	优势比 exp(b)
x_1	0.0060***	1.4385	0.0060***	1.4313

续表

解释变量	全部回归结果		逐步回归	
	P 值	优势比 exp(*b*)	*P* 值	优势比 exp(*b*)
x_2	0.0010 ***	0.4613	0.0000 ***	0.4540
x_3	0.3900	0.8140		
x_4	0.6860	1.1289		
x_5	0.3020	0.5925		
x_6	0.0020 ***	0.3009	0.0010 ***	0.2892
x_7	0.0140 **	0.3742	0.0060 ***	0.3452
x_8	0.5210	1.2640		
x_9	0.0680 *	0.4796	0.0830 *	0.5069
x_{10}	0.0000 ***	0.2298	0.0000 ***	0.2128
x_{11}	0.0360 **	0.4045	0.0040 ***	0.3394
_cons	0.0310	0.2091	0.0020	0.1514
Log likelihood	-122.5336		-123.8211	
Prob>chi2	0.0000		0.0000	
Hosmer and Lemeshow chi2 (10) test	Prob>chi2 = 0.4743		0.7946	
Number ofobs	484		484	

* 表示在 0.10 的水平下显著；** 表示在 0.05 的水平下显著；*** 表示在 0.01 的水平下显著

（三）解释

全部回归的结果表明，家庭人口数、劳动力人数、是否拥有电动车/摩托车、是否外出务工、生活是否受到自然灾害威胁、饮用水情况及是否有家庭成员重病对收入贫困发生率具有显著影响，且影响方向符合预期，其中家庭人口数、劳动力人数、是否拥有电动车/摩托车及饮用水情况显著度均在 0.01 以下。在分组选取为 10 时，Hosmer-Lemeshow GOF 卡方统计量值为 7.59，相应 *P* 值为 0.4743，分组为 8 时 *P* 值为 0.7184，分组为 12 时 *P* 值为 0.1206，说明模型拟合效果非常好。

通过逐步回归法进行变量筛选后，将包括劳动力最高受教育程度、受到专业技能培训的劳动力人数、户主健康状况、人情往来随礼是否过高四个变量剔除，剩下家庭人口数、劳动力人数、是否拥有电动车/摩托车、是否有家庭成员外出务工、生活是否受自然灾害威胁、饮用水情况、是否有家庭成员重病七个变量显著。

逐步回归结果表明，劳动力最高受教育程度、受到专业技能培训的劳动力人数、户主健康状况、人情往来对收入贫困影响不显著。逐步回归结果表明，家庭人口每增加 1 人，收入贫困概率上升 43.13%；劳动力人数每增加 1 人，收入贫困概率下降 54.60%；拥有电动车/摩托车则使得收入贫困概率下降 71.08%；外出务工使得收入贫困概率下降 65.48%，生活没有受到自然灾害威胁使得收入贫困概率下降 49.31%，有井水、自来水等安全饮用水使得收入贫困概率下降 78.72%，家中没有成员患严重疾病使得收入贫困概率下降 66.06%。七项变量中，饮用水情况、是否有家庭成员重病、是否受到自然灾害威胁、是否拥有电动车/摩托车及是否外出务工对收入贫困影响最大，劳动力人数和家庭人口数次之。同样，对逐步回归模型进行 Hosmer-Lemeshow GOF 检验，在分组选取值为 10 时，Hosmer-Lemeshow GOF 卡方统计量值为 4.65，相应 P 值为 0.7946，分组为 8 时 P 值为 0.7986，分组为 12 时 P 值为 0.6416，说明模型拟合效果非常好。

二、农户多维贫困的致贫因素及传导机理

（一）建立二元 Logit 模型

根据第四章各农户多维贫困的判定方法和分析结果，对多维贫困的影响因素进行分析。与收入贫困类似，多维贫困也是二元变量，所以选用 Logit 模型来进行回归分析是合适的。在选取因变量时，通常采用的做法是以 30% 的维度被剥夺作为判断是否陷入多维贫困的标准（$k=3$）。对于解释变量，根据样本数据的可获得性和多维贫困理论，家庭人口数、劳动力人数、劳动力最高受教育程度、受到专业技能培训的劳动力人数、适龄儿童是否辍学、户主健康状况、是否有家庭成员重病、是否拥有电动车/摩托车、做饭燃料类型、卫生设施情况、饮用水情况、住房结构类型、耐用消费品数量、是否有家庭成员外出务工、生活是否受到自然灾害威胁作为解释变量。各变量具体解释见表 4-18。

表 4-18　变量和符号及解释

变量	符号	解释
多维贫困	y	1 多维贫困，0 非多维贫困
家庭人口数	x_1	家庭人口数量
劳动力人数	x_2	家庭劳动力人数
劳动力最高受教育程度	x_3	0 为文盲，1 为小学，2 为初中，3 为高中或者中专，4 为大专以上

续表

变量	符号	解释
受到专业技能培训的劳动力人数	x_4	受到专业技能培训的劳动力人数
适龄儿童是否辍学	x_5	0 为辍学，1 为没有辍学
户主健康状况	x_6	0 为差，1 为中等或良好
是否有家庭成员患有严重疾病	x_7	0 为是，1 为否
是否拥有电动车/摩托车	x_8	1 为拥有，0 为没有
做饭燃料类型	x_9	0 为柴草，1 为煤、液化气、天然气、沼气或电
卫生设施情况	x_{10}	0 为无厕所或旱厕，1 为冲水式厕所
饮用水情况	x_{11}	0 为河水塘水或山泉水，1 为井水或自来水
住房结构类型	x_{12}	0 为茅草或土坯，1 为钢筋混凝土、砖木
耐用消费品数量	x_{13}	家庭拥有的耐用消费品数量
是否有家庭成员外出务工	x_{14}	1 为是，0 为否
生活是否受到自然灾害威胁	x_{15}	0 为是，1 为否

构建如下 Logit 模型：

$$P(y=1|x)=\frac{1}{1-e^{-g(x)}}$$

其中

$$g(x)=\beta_0+\beta_1x_1+\beta_2x_2+\beta_3x_3+\beta_4x_4+\beta_5x_5+\beta_6x_6+\beta_7x_7+\beta_8x_8+\beta_9x_9+\beta_{10}x_{10}+\beta_{11}x_{11}+\beta_{12}x_{12}+\beta_{13}x_{13}+\beta_{14}x_{14}+\beta_{15}x_{15}$$

（二）输出结果

回归结果见表4-19。

表 4-19　多维贫困影响因素的 Logit 回归分析结果

解释变量	全部回归结果		逐步回归	
	P 值	优势比 exp(*b*)	*P* 值	优势比 exp(*b*)
x_1	0.0730**	1.5451		
x_2	0.1720	0.1804		
x_3	0.0090***	0.0000	0.000***	0.0029
x_4	0.1060	0.0836		
x_5	0.0260**	0.7519	0.001***	0.7407

续表

解释变量	全部回归结果		逐步回归	
	P 值	优势比 exp(b)	P 值	优势比 exp(b)
x_6	0.425	1.3573		
x_7	0.018**	0.6135	0.000***	0.6623
x_8	0.012**	0.7407	0.000***	0.5988
x_9	0.012**	0.5319	0.000***	0.5495
x_{10}	0.011**	0.5208	0.001***	0.5025
x_{11}	0.010***	0.4202	0.000***	0.3521
x_{12}	0.011**	0.0098	0.004***	0.1359
x_{13}	0.043**	0.0004	0.028**	0.0374
x_{14}	0.357	0.0200		
x_{15}	0.563	0.2520		
_cons	0.014	4.17×10^{-15}	0.002	7.77×10^{-9}
Log likelihood	-10.8003		-18.4213	
Prob>chi2	0.0000		0.0000	
Hosmer and Lemeshow test	Prob>chi2 = 0.9986		Prob>chi2 = 1.0000	
Number ofobs	484		484	

** 表示在 0.05 的水平下显著；*** 表示在 0.01 的水平下显著

（三）解释

全部回归结果表明，家庭人口数、劳动力最高受教育程度、是否有适龄儿童辍学、是否有家庭成员重病、做饭燃料类型、卫生设施情况、饮用水情况、住房结构类型、拥有的耐用消费品数量，以及是否拥有电动车/摩托车对多维贫困有显著影响。劳动力人数、受到专业技能培训的劳动力人数、户主健康状况、是否有家庭成员外出务工、是否受到自然灾害威胁对多维贫困影响不显著。除了户主健康状况指标的结果不符合预期外，其他变量的结果均符合预期。在分组选取值为 10 时，Hosmer-Lemeshow GOF 卡方统计量值为 0.43，相应 P 值为 0.9986，分组为 8 时 P 值为 0.9963，分组为 12 时 P 值为 1.0000，说明模型拟合效果非常好。

在对全部变量进行逐步回归后，筛选出了劳动力最高受教育程度、是否有儿童辍学、是否有家庭成员患严重疾病、做饭燃料、卫生设施、饮用水、住房结构、拥有的耐用消费品数量以及是否拥有电动车/摩托车这 9 个变量对多维贫困发生率具有显著影响。逐步回归结果表明劳动力最高受教育程度每增加 1 个等级，多维贫困概率降低 99.71%；没有辍学儿童，多维贫困概率降低 25.93%；没有家庭成员患严重疾病，多维贫困概率降低 33.78%；做饭燃料为煤、液化气、天然气、沼气或电，多维贫困概率降低 40.12%；卫生设施为冲水厕所，多维贫困概率降低 45.05%；饮用水为井水或自来水，多维贫困概率降低 49.75%；住房结构为钢筋混凝土、砖木，多维贫困概率降低 64.79%；家庭拥有的耐用消费品数量每增加 1 件，多维贫困概率降低 86.41%；拥有电动车/摩托车，多维贫困概率降低 96.26%。同样，对逐步回归模型进行 Hosmer-Lemeshow GOF 检验，在分组选取值为 10 时，Hosmer-Lemeshow GOF 卡方统计量值为 0.17，相应 P 值为 1.0000，分组为 8 时 P 值为 0.9983，分组为 12 时 P 值为 1.0000，说明模型拟合效果非常好。

因此，多维贫困的影响因素主要集中在劳动力最高受教育程度、住房条件、饮用水条件和是否拥有电动车/摩托车、家庭拥有耐用消费品数量、卫生设施、是否有家庭成员重病和做饭燃料类型这几个方面。

第四节　本章小结

滇桂边境地区农村的贫困成因既有一般贫困地区的共性，也有滇桂边境地区农村的特殊性。

总体来看，滇桂边境地区自然条件差，绝大多数地方是山区，山高坡陡，交通不便，人均土地资源匮乏，自然灾害频发，主要是台风危害，旱季雨季分明且集中，泥石流严重，农民生产生活条件恶劣；基础设施建设成本高，铁路、公路等基础设施严重供应不足，尽管边境地区自然资源丰富，但农业基础薄弱，交通不便，成本高、效益低，优势资源难以转化为优势产业，种养业是边境地区农户的主要收入来源之一，农业是天生的弱质产业，农业发展不仅自然风险大且市场风险也很大，农民增收困难；地处边境，缅甸北部地区军事冲突不断，云南与缅甸接壤地区的民众生活受到影响；滇桂边境地区多个民族跨境而居，流动人口流动频繁、情况复杂，事实性跨境婚姻大量存在，面临毒品和艾滋病威胁，这些都是滇桂边境地区的人民脱贫致富的巨大障碍；由于历史的原因，滇桂边境地区存在大量“直过民族”，当地群众受教育水平低，市场及社会发育程度低，脱贫能力受限。

从农户致贫因素实证检验结果来看，对于农户收入贫困而言，饮用水情况、家中是否有人有重病、是否受自然灾害威胁、是否拥有电动车/摩托车和是否有家庭成员外出务工对收入贫困影响最显著，劳动力人数和家庭人口数次之；劳动力最高受教育程度、受到专业技能培训的劳动力人数、户主健康状况，以及人情往来随礼高低对收入贫困影响不显著。对于农户多维贫困而言，家庭人口数、劳动力最高受教育程度、是否有适龄儿童辍学、户主健康状况、是否有家庭成员重病、做饭燃料类型、卫生设施情况、饮用水情况、住房结构类型、拥有的耐用消费品数量，以及是否拥有电动车/摩托车对多维贫困有显著影响。劳动力人数、受到专业技能培训的劳动力人数、是否有家庭成员外出务工、生活是否受到自然灾害的威胁，这些因素对多维贫困影响不显著。

第五章 滇桂边境地区农村扶贫模式

第一节 滇桂边境地区农村现有扶贫模式

滇桂边境地区农村贫困成因较为特殊和复杂，贫困治理也必须多管齐下进行综合治理。多年来，在中央政府的支持下，广西壮族自治区政府和云南省政府结合滇桂边境地区的贫困实际，对滇桂边境地区的贫困进行综合治理，摸索出了以下几种扶贫模式。

一、政府主导的扶贫模式

（一）财政扶贫模式

财政扶贫是扶贫攻坚的重要形式，滇桂边境地区经济发展落后，尤其是在经济不景气时，地方财政收入有限，刚性支出依然不减，地方财政压力增加，对财政扶贫资金依赖程度较高（表5-1、图5-1）。滇桂边境地区充分利用国家财政专项扶贫资金、兴边富民行动计划及扶持人口较少民族发展计划，夯实基础设施建设，确实改善了滇桂边境地区的生产和生活条件。滇桂边境地区农村基础设施建设水平不仅关系到边民当前生活水平，更关系到边民与外界的沟通，进而对边民的认知水平和思想观念有着深刻的影响。滇桂边境地区在国家“兴边富民行动”政策支持下对农村基础设施进行了大力建设，“十二五”期间，滇桂边境地区的公路、高速公路、危房改造、农村水利工程和农村电网改造均有所完善，农村基础设施逐步夯实，贫困的瓶颈问题得到解决。

表5-1 各阶段云南省年均财政扶贫资金投入情况

阶段	1980～1985年	1986～1993年	1994～2000年	2001～2010年	2011～2013年	2014～2017年
年均财政投入/亿元	0.50	5.02	23.16	20.37	51.09	95.13

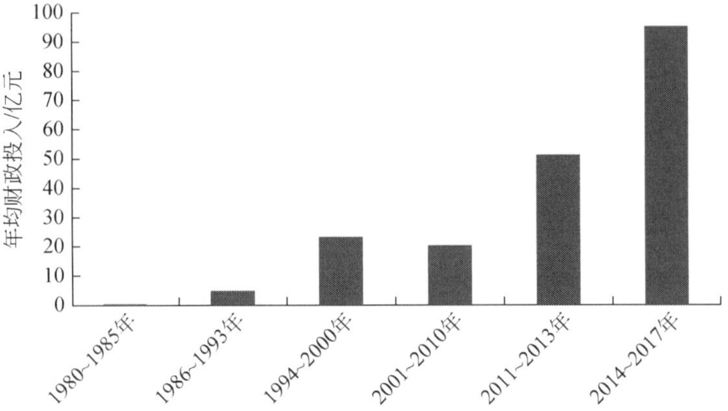

图 5-1　云南省各阶段年均财政扶贫资金投入情况

（二）教育扶贫模式

百年大计，教育为本。滇桂边境地区面对教育落后的现实，采取多方面措施进行教育扶贫，提高人力资本。缩小城乡差距，改善贫困地区办学条件，建立“控辍保学”机制，确保建档立卡贫困家庭每个适龄孩子接受九年义务教育，推进农村寄宿制学校标准化建设，确保寄宿生基本生活条件，有条件的地方逐步推进高中阶段教育普及，提高受教育水平，阻断贫困代际传递。加强贫困地区职业院校基础设施建设，发展特色职业教育；实施国家职教圆梦行动计划，针对建档立卡贫困家庭子女单列招生计划，鼓励职业院校开展面向贫困人口的继续教育，对有就业需求和培训意愿的建档立卡人口实施职业技能培训。完善困难学生资助救助政策，落实贫困地区农村义务教育学生营养改善计划，贫困户子女普通高中学杂费或中等职业教育学费优先免除，并给予一定的国家助学金和生活补助，对于进入高等学校学习的贫困生，建立新生入学资助、勤工助学岗位、奖助学金、困难补助和学费减免等多元化资助体系。云南迪庆州、怒江州实施 14 年免费教育试点。

（三）健康扶贫模式

因病致贫现象突出，滇桂边境农村地区表现得更加明显。滇桂边境地区加强贫困地区医疗卫生服务体系建设，解决贫困地区群众看病难、看病贵的问题，并逐步形成了“六位一体”的健康减贫工程体系，即“基本医疗+大病保险+商业健康保险+临时救济+慈善救助+医疗救助"。实施全省三级医院与贫困县县级医院一对一帮扶，提高县级医疗机构服务能力；加快乡村卫生机构达标建设；以贫困县为重点，加强乡镇远程医疗服务体系建设；医生培训计划向贫困地区倾斜，加强农村医疗队伍建设，健全贫困人口医疗保障制度，医疗资源向贫困人口倾斜。

（四）生态扶贫与易地搬迁模式

绿水青山就是金山银山，滇桂边境地区多高山，地质脆弱，同时也是许多大江大河的发源地，是重要的国际生态涵养区，不适于大规模过度开发。由于生存的需要，人们曾经对森林、草场和土地过度索取，造成严重生态威胁，有必要对现有生态资源进行有效的保护。滇桂边境地区根据生态功能区划，加大补偿力度，逐步实现退耕还林还草，资金使用方面重点向贫困地区倾斜，优先实施贫困地区的水土流失治理，利用生态综合补偿和生态保护工程，设立生态公益岗位，增加就业，将周边有劳动能力的部分贫困人口吸纳为护林员或其他生态保护人员；生态资源较好地区可以发展国家公园、国家级自然保护区、生态旅游区，吸纳周边贫困人口参与就业，保证贫困人群的收入来源。

根据笔者在德宏州的调研，截至2016年年底，德宏州361.22万亩国家级和省级公益林全部纳入森林生态效益补偿范围，争取森林生态效益补偿资金1.42亿元，受益农户2.8万户15.2万人。全面落实退耕还林、陡坡地生态治理、草原奖补政策性补助，切实增加农户收入。德宏州1521名建档立卡贫困户转为护林员，确保了生态环境保护与脱贫攻坚双促进①。

滇桂边境地区绝大多数地方都是山区，山高坡陡，土地贫瘠，滑坡和泥石流等自然灾害频繁，经济发展和资源环境矛盾突出，这些地方缺乏持续开发和生存的条件，必须对这部分贫困人群实施易地搬迁，将其搬迁安置到生活条件相对较好的地区去。滇桂边境地区需要较大规模易地搬迁的贫困户主要集中在滇西边境山区、滇桂交界地带的石漠化地区。滇桂边境地区精准识别易地扶贫搬迁对象，采取集中安置和分散安置相结合的方式进行安置，并做好公共基础设施配套建设，尽量将安置点放在交通方便、周围有产业支撑的地方，为搬迁户可持续脱贫打下基础。

① 德宏州扶贫开发领导小组2016年工作总结和2017年工作要点 http://www.dh.gov.cn/fpb/Web/_F0_0_28D007P8QH2Y7KPNHC1PFIIA5T.html.

（五）整乡、整村推进模式

整乡、整村推进扶贫一般针对自然条件制约型贫困地区，突出以贫困乡或贫困村为单位，以政府投入为主导，充分调动各种社会资源，吸纳农户参与，采取集产业扶贫、金融扶贫、教育扶贫和医疗卫生扶贫等相融合的综合扶贫模式，对贫困乡或贫困村进行全面的扶持和建设，瞄准对象由先前的县细化到乡到村。上海对云南的结对帮扶资金主要用于贫困村的整村推进建设，对贫困村的基础设施进行全面的改造，对扶贫资源进行综合利用，发展村级产业，对自然条件恶劣的地区进行易地搬迁，直过民族和人口较少民族精准脱贫有序推进。对阿昌族、景颇族整乡推进整族帮扶项目，下一步着手德昂族和傈僳族精准脱贫项目。

（六）扶贫到户模式

精准扶贫改变了以往扶贫资源“漫灌”的局面，逐步实现扶贫资源精确“滴灌”。在全国倡导的精准扶贫到户的背景下，滇桂边境地区扶贫工作紧跟全国扶贫工作的步伐，2014 年开始贫困户的建档立卡工作，建立好贫困户的详细档案，弄清楚贫困户的贫困原因，因户施策，一户一策，每个贫困户都有帮扶人员进行帮扶对接，做到扶贫精准入户。对贫困户进行动态管理，贫困户一旦经过扶持得以脱贫，就不再享受贫困户待遇，做到把扶贫资源用到真正需要的贫困户身上。

二、市场驱动的扶贫模式

（一）产业扶贫模式

“输血式”扶贫只能解决一时的困难，要具备持续脱贫的能力，发展产业是“造血式”扶贫的重要途径。产业扶贫就是充分利用当地的资源禀赋、区位条件等优势，发展特色种植业、养殖业、乡村旅游产业等。滇桂边境地区发展产业主要集中在特色种养业、乡村旅游和边境旅游、特色边境贸易。

1. 特色农业扶贫模式

在发展特色种养业方面，充分利用当地的特色资源，稳步发展甘蔗、烤烟等特色产业，逐步推进发展特色花卉、蔬菜、食用菌、咖啡等特色产业，坚持绿色发展，通过鼓励龙头企业在贫困地区建立生产基地，拉长农业的产业链条，创造更多的就业机会，广泛吸收贫困户就业，以广西上思县为例，该县采取“龙头企业+传统产业+贫困户”模式，进行糖料蔗基地建设，吸纳贫困户入股，参与分红；充分利用丰富的林业资源，采取“生态+林下经济”模式，发展商品林、坚果、中草药、油茶等，与此同时，还对森林资源进行多层次的空间利用，大力发展林下经济，如在林中养蜂、发展食用菌种植等，促进农户收入的多元化，农民增收效果明显。

2. 特色旅游扶贫模式

在发展旅游业方面，滇桂边境地区利用边境地区特殊的地理优势和多个少数民族聚居的人文优势，以沿边公路为依托，推动乡村旅游和边境旅游，扩大农民就业，提高收入。

以广西边境地区的百色市和崇左市为例，广西重点扶持了 4 个旅游扶贫示范村，分别为百色市田阳县（现田阳区）桥马村、田东县祥周镇模范村和崇左市大新县宝圩乡板价村、扶绥县东门镇六头村，充分利用自身特色的旅游资源，发展乡村旅游。以田东县祥周镇模范村为例，田东县祥周镇模范村有美丽的龙潭灵湖，湖水水源为天然泉水，冬暖夏凉，湖面面积 50 多亩，湖周围山体形态群峰层峦叠嶂，山清水秀，有抗倭英雄瓦氏夫人墓、刺史佳城、观音洞和锯仙洞等自然景观，文化底蕴深厚。经过召开村民会议征求民意，该村决定利用自身优美自然风光优势，探索旅游开发，通过流转或租用开发区域周边土地，吸纳农户入股等方式带动增收。2017 年初，挂点帮扶单位田东县发展和改革局邀请专业规划设计公司实地考察，在综合规划公司建设意见的基础上，模范村决定根据自然景观实际，利用集体力量，用有限的资金自我开发建设。2017 年 4 月 19 日，模范村仙翔飞花旅游开发农民专业合作社成立，吸纳社员农户 220 户，获得股金 180 万元，流转土地面积 90 多亩。“双龙戏珠”景观，硫华菊、百日草种植基地等同步开工建设。因为旅游业的发展，当地村民售卖山羊、鸭子等本地特色农产品，收入较以前大大提高。为规范景区农产品销售，合作社将统一设置销售区，摊位招租实行招投标，农产品价格规范统一。配套农家乐合作社接洽区，统一调度餐饮、儿童游乐、摄影、垂钓等，将景区打造成可观山水、能休闲娱乐、宜养生保健的胜地①。

崇左市凭祥市夏石镇新鸣村板小屯距边境线 10 km，以边关风情游为切入点建立生态旅游示范区，探索了“清洁乡村—旅游产业—促农增收”的“富农模式”。

3. 边境贸易扶贫模式

滇桂边境地区有发展边境贸易的优势，滇桂边境地区与越南、老挝和缅甸山

① 资料来源：产业兴 村庄美 农家富——田东推进农旅融合发展纪实，广西壮族自治区农业农村厅网站，http://www.gxny.gov.cn/xwdt/gxlb/gx/201812/t20181220_538351.html.

水相连，双边交往密切而悠久，边民互市贸易频繁。从防城区、凭祥市和梁河县的农户调研情况来看，凭祥市的农户人均纯收入最高，其主要原因是凭祥市的边境贸易发展得最好。据本课题组在那良镇高林村的调研，年轻劳动力通常到东部城市打工，本村留在家里的年长些的劳动力基本上都到附近的里火口岸去拉货，通常月收入在2000元左右，在里火口岸运货的收入已经成为高林村居民收入的主要来源，里火口岸，聚集了各类餐馆、商店、物流企业等服务业，里火口岸也吸引了沿边旅游的游客，由此可见，边境贸易的发展的确促进了边境地区经济和社会的发展。

以凭祥市边境贸易为例，凭祥市充分发挥基层党组织的作用，组织边民加入边贸合作社，形成了“党支部+边贸合作社+贫困户”的特色扶贫模式。安排信贷资金扶持贫困户参与边境贸易，发展边境贸易加工业，组建边贸运输队，同时将边境贸易与特色文化旅游相结合，吸纳贫困人口到工厂和车队就业，通过旅游业，发展边关特色农家乐，扩大了农产品销路，增加了收入来源。凭祥市通过发展边境贸易，保障贫困人口有相对稳定的就业岗位和收入来源，脱贫可持续性强，值得借鉴。

（二）电子商务扶贫模式

发展特色产业往往相对容易，市场推广和销售却比较困难，在网络购物越来越普及的情况下，近几年，滇桂边境地区也把电子商务扶贫纳入扶贫开发工作体系，为电子商务扶贫创造各项条件，宣传、推广、销售特色产品和旅游品牌产品。随着“互联网+”的普及和推广应用，传统行业的发展迎来了新的机遇，更能激发贫困地区经济增长的活力。将互联网的概念和扶贫方式的创新相结合，构建“互联网+精准扶贫”新模式，开创扶贫新局面。近几年来，中国农村电子商务发展迅猛，中国社会科学院学者汪向东2011年提出要充分利用“电商扶贫”，2015年，国务院扶贫开发领导小组办公室将“电商扶贫”列入精准扶贫十大工程。在中央政府的关注下，阿里巴巴网络技术有限公司、北京京东世纪贸易有限公司及苏宁易购集团股份有限公司等商业巨头纷纷进军农村电商市场，分别实施了“千县万村”、“千县燎原”和“农村电商”计划，建设农村第三方电商平台，为农村地区发展电商打下了较为坚实的基础。

随着中央政府倡导和推进电商扶贫，滇桂边境地区也积极行动，由地方政府带头，建立电商扶贫领导机构和工作机构，建立电商网络服务体系，在贫困村建立电商服务点，加大网络等基础社会建设和物流配套建设，促进电商与当地特色产业相结合，培育电商人才，实现共同发展。

三、社会参与的扶贫模式

(一) 对口扶贫模式

中央政府加大扶贫财政投入，广泛动员社会各界力量、利用多种方式参与到扶贫工作中，具体来说有定点对口扶贫、科技扶贫、教育扶贫、国际合作扶贫等多种扶贫方式，逐步形成了“政府援助、人才支持、企业合作、社会参与”的帮扶工作格局。就对口扶贫来说，云南贫困最为突出，与经济发达的上海结成帮扶友好省市；广东与广西相邻，广东经济发达，广西相对落后，两广地区结成对口帮扶地区。除了省、自治区层面的帮扶对接外，各市、县和机构与外省市、县和机构进行多层次多方面的扶贫工作对接，如珠海市和怒江州两地的教育部门共同努力，两地学校间实现深度合作，通过开设“两班一堂”，实现对怒江州的教育帮扶，具体做法：一是泸水一中和兰坪一中开设“珠海班”，建立结队学校“珠海班”试点帮扶合作，珠海每年从全市高中选派 40 人赴“珠海班”支教；二是在珠海市开设“怒江班”，建立职业教育中心专业建设对口帮扶合作，由珠海市四所中职学校帮助怒江州职业教育中心进行专业建设、制定实训基地建设方案，共建实训基地和生产线，提高教师团队素质；三是建设“粤教云”课堂，实施教育信息化对口帮扶项目，帮助怒江州中小学进一步完善教育信息化基础条件，将数字教材和数字教辅资源引入怒江课堂，通过网络、光盘等媒介传递给怒江州已接通宽带网络的中小学①。通过多年的对口帮扶，落后的滇桂边境地区的经济、社会发展均上升到一个新的台阶。

(二) 定点扶贫模式

滇桂边境地区动员各方面力量对贫困地区进行帮扶，中央国家机关和地方党政机关事业单位，组织定点扶贫，按照“领导挂点、部门包村、干部帮户”的要求建立长效扶贫机制，组织领导干部和职工挂片联县包村帮户。云南德宏州选派 1576 名干部组成 336 支工作队驻村帮扶，24 003 名干部与所有建档立卡贫困户结对帮扶，561 家“挂包帮”单位开展对口帮扶，推进“万企帮万村”精准扶贫行动。

广西边境地区对定点扶贫进行创造性运用和推广，创造了第一书记产业联盟

---

① 江海情深共发展，珠海怒江对口帮扶全方位推进，云南网，http://special.yunnan.cn/feature15/html/2018-05/21/content_5215033.htm.

扶贫模式。广西选派年轻有为的大学生村官到基层担任第一书记，将基层扶贫和产业扶贫相结合，培育和发展贫困村特色产业。以崇左市龙州县为例，2012 年以来，该县在贫困村实施“第一书记+农民专业合作社+龙头企业+党支部”的扶贫模式，降低市场风险，共同进退。第一书记产业联盟机制如图 5-2 所示（叶慧和李俊杰，2016）。

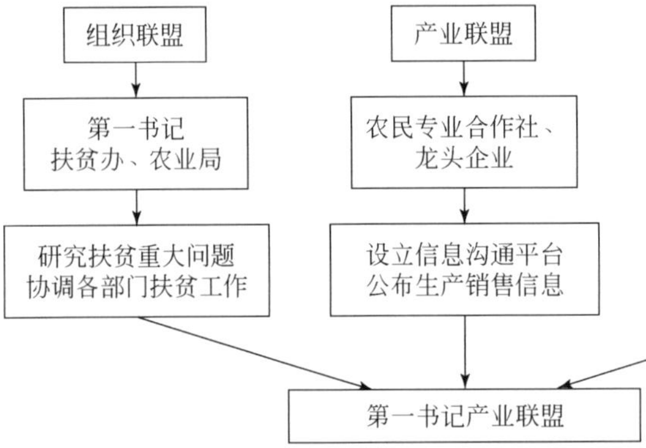

图 5-2　第一书记产业联盟机制

（三）农户参与扶贫模式

扶贫攻坚如果完全依靠政府和社会力量，则不能发挥贫困人口的主人翁精神，扶贫效果会大打折扣。充分调动农民的积极性，让农民主动参与到扶贫工作中来，摒弃“等、靠、要”等懒汉思想，“赋权于民”，由“要我干”转变为“我要干”，通过农民的努力实现其自身的发展。滇桂边境地区在扶贫工作中，鼓励农户参与，为贫困户提供生产资料、技术支持，帮助其发展生产，为贫困户优先提供就业岗位，资助贫困户入股公司或合作社，这都体现了参与式扶贫的思想。

第二节　现有扶贫模式的成效与不足

一、现有扶贫模式取得的成效

（一）经济增长迅速，居民收入水平提高

2012~2017 年，滇桂边境地区经济增长迅速且滇桂边境地区经济的平均增长速度高于全国增长率。具体见表 5-2。

表 5-2　2012～2017 年全国与滇桂边境地区 GDP　（单位：亿元）

地区		GDP					
		2012 年	2013 年	2014 年	2015 年	2016 年	2017 年
云南	保山市	389.96	452.43	503.08	551.96	613.4	678.9
	普洱市	379.11	429.91	476.95	514.01	567.54	624.99
	临沧市	352.98	416.09	465.12	502.12	549.15	604.04
	红河州	905.43	1 012.00	1 109.15	1 221.08	1 336.79	1 478.00
	文山州	478.02	553.36	615.69	670.04	735.55	809.11
	西双版纳州	232.64	272.32	306.62	335.91	366.03	393.84
	德宏州	201.00	230.90	248.34	292.32	333.62	356.97
	怒江州	74.94	85.82	100.12	113.15	120.44	126.46
广西	防城港市	443.99	525.15	588.94	620.71	676.12	741.62
	百色市	755.24	803.87	917.92	980.35	1 114.31	1 361.76
	崇左市	530.51	599.24	649.72	682.82	766.20	907.62
全国		518 942.1	588 018.8	636 138.7	689 052.1	744 127.2	827 122.0

资料来源：2012～2016 年数据根据《云南统计年鉴 2017》《广西统计年鉴 2017》《中国统计年鉴 2017》整理；2017 年数据根据各地 2017 年国民经济和社会发展统计公报整理

经过多年的扶贫开发，滇桂边境地区的经济取得了长足的发展，农村居民人均纯收入也大幅增加。2011～2017 年，滇桂边境地市、州农村居民年人均纯收入情况见表 5-3，从表 5-3 可以看出，2011～2017 年农村居民年人均纯收入保持稳步增长，7 年以来农村居民年人均纯收入约翻了一倍。

表 5-3　2011～2017 年全国与滇桂边境地市、州农村居民年人均纯收入

（单位：元/人）

地区		农村居民年人均纯收入						
		2011 年	2012 年	2013 年	2014 年	2015 年	2016 年	2017 年
云南	保山市	4 439	5 331	6 275	7 626	8 572	9 426	10 321
	普洱市	4 338	5 020	5 873	7 096	7 914	8 669	9 484
	临沧市	4 284	5 158	6 066	7 199	8 063	8 914	9 814
	红河州	4 650	5 468	6 368	7 726	8 599	9 449	—
	文山州	3 864	4 643	5 460	6 998	7 699	8 403	9 184
	西双版纳州	5 327	6 174	7 107	9 155	10 080	11 049	12 043
	德宏州	4 096	4 763	5 608	7 152	7 917	8 659	9 464
	怒江州	2 362	2 773	3 251	4 297	4 791	5 299	5 871

续表

地区		农村居民年人均纯收入						
		2011 年	2012 年	2013 年	2014 年	2015 年	2016 年	2017 年
广西	防城港市	6 502	7 539	8 557	9 524	10 429	12 113	13 373
	百色市	4 052	4 774	5 409	6 145	6 766	9 348	10 171
	崇左市	5 370	6 263	7 077	7 707	8 308	9 801	10 860
全国		6 977	7 917	9 430	10 489	11 422	12 363	13 432

资料来源：2011～2016 年数据根据《广西统计年鉴》《云南统计年鉴 2017》进行整理；2017 年数据来源于各地区 2017 年国民经济和社会发展统计公报

注："—" 表示数据缺失

（二）经济结构更为合理

滇桂边境地区的经济结构越来越合理，主要体现在第一产业比例明显降低，第二产业比例略为降低，第三产业比例明显上升，产业结构水平逐步提高，具体情况见表 5-4。第一产业附加值低，收入增长作用有限，第三产业附加值高，能解决更多的就业问题且收入增长作用明显，持续脱贫更有希望。

表 5-4　2014～2016 年全国与滇桂边境地市、州三次产业比例　（单位：%）

地区		第一产业比例			第二产业比例			第三产业比例		
		2014 年	2015 年	2016 年	2014 年	2015 年	2016 年	2014 年	2015 年	2016 年
云南	保山市	27.05	25.72	24.71	34.63	34.79	34.79	38.31	39.48	40.50
	普洱市	28.80	27.85	26.83	35.19	34.80	34.43	35.97	37.35	38.74
	临沧市	30.07	28.95	28.08	33.82	33.82	33.73	36.11	37.24	38.19
	红河州	17.20	16.54	16.07	45.64	45.25	45.08	37.16	38.20	38.85
	文山州	22.94	21.86	21.14	36.25	35.91	35.69	40.81	42.23	43.17
	西双版纳州	25.66	25.47	25.19	28.23	28.17	26.94	46.10	46.36	47.86
	德宏州	25.75	25.12	24.12	26.12	24.56	24.44	48.13	50.33	51.44
	怒江州	16.31	16.61	15.82	32.77	30.38	29.95	50.92	53.02	54.24
广西	防城港市	11.98	12.16	12.22	57.80	56.87	57.14	30.22	30.97	30.65
	百色市	17.29	17.28	16.36	53.38	52.19	53.37	29.33	30.53	30.27
	崇左市	22.67	22.71	21.88	42.70	40.22	40.55	34.63	37.07	37.57
全国		9.05	8.88	8.56	43.10	40.93	39.81	47.84	50.19	51.63

资料来源：根据《广西统计年鉴》（2015～2017 年）、《云南统计年鉴》（2015～2017 年）进行整理

据表5-4和图5-3可以看出，2014~2016年，全国第一产业比例由9.05%下降到8.56%，第二产业比例由43.10%下降到39.81%，第三产业比例由47.84%增长到51.63%；与全国平均水平比，尽管滇桂边境地区的第一产业比例偏高，第二产业比例、第三产业比例与全国平均水平相比偏低，但总的来说，滇桂边境地区的第一产业比例明显下降，第二产业比例相对稳定，第三产业比例稳步增加，经济结构不断优化。

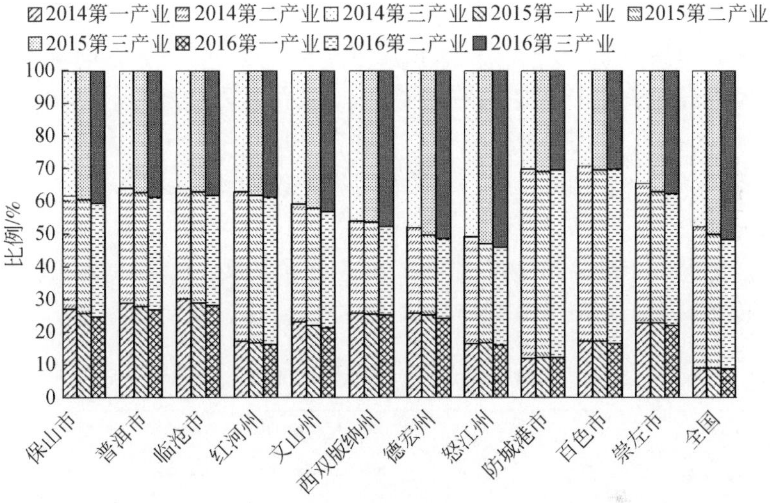

图5-3　2014~2016年全国与滇桂边境地市、州三次产业比例

资料来源：同表5-4

（三）特色产业更具活力

1. 特色农业渐成规模

从防城区和梁河县的实地调研情况来看，在兴边富民政策的推动下，防城区的经济发展形势越来越好。梁河县是德宏州唯一没有边境线的边疆县，目前中国的兴边富民政策主要针对有边境线的边境县，因此梁河县没能受到“兴边富民行动”的覆盖，但梁河县作为国家扶贫重点县，得到国家扶贫政策的重点支持，其经济发展也取得了突出成绩，经济结构越来越优化，地方特色更加明显。

“十二五”以来，防城区深入推进“一镇一产、一村一品”特色农业建设，形成绿化苗木村、火龙果村、香蕉村、红衣花生村等一大批特色村屯。防城区利用“兴边富民行动”项目资金800万元发展特色产业金花茶种植，通过育苗和种植大棚基地建设，实施金花茶母树繁殖园项目，引导防城区优势产业良性发展，带动农民增收，走金花茶绿色产业兴边富民之路。除了发展金花茶项目外，防城区还利用“兴边富民行动”项目资金250万发展白石芽茶种植和小水体流水养殖鱼，通过

“政府+农户”的方式实施种苗扶持政策，实行基地化生产、产业化经营，以点带面，扩大辐射效应，带动群众合理利用林业资源，转变林业经济发展方式，其中那良镇、那梭镇、峒中镇、大菉镇、扶隆乡等山区乡镇溪水鱼养殖形成规模，养殖户达2000多户，养殖面积3000多亩，产值达0.9亿元，养殖户人均增收2000元以上，成为山区农户增收致富的好途径，同时防城区以科技入户为抓手，依靠科技创新，创建山区高效生态养殖模式，为农民脱贫致富奠定了良好的基础。

云南大力发展传统产业、高原特色产业、冬季农业，为脱贫致富打好产业基础。以梁河县为例，梁河县作为国家扶贫重点县，近些年来，在国家政策的关照和推动下，该县的农业产业实现了提质增效。梁河县重点发展甘蔗、茶叶和生猪产业，并挂牌成立了梁河回龙茶协会，并在芒市成功举办了首次茶叶展销拍卖会和优质农特产品迎春展销会，提高了梁河县回龙茶的知名度。

2. 边境旅游已成气候

以广西为例，2011～2016年广西旅游业迅猛发展，游客人数和旅游收入显著上升，具体见表5-5和图5-4。

表5-5　2011～2016年广西旅游人数及旅游收入

指标	2011年	2012年	2013年	2014年	2015年	2016年
国内游客人次/万人次	17 257	20 778	24 264	28 565	33 661	40 400
国内旅游收入/亿元	1 209. 5	1 578. 9	1 961. 3	2 495	3 136. 4	4 047. 7
国际旅游人次/万人次	302. 79	350. 27	391. 54	421. 18	450. 06	482. 52
国际旅游外汇收入/亿美元	10. 52	12. 79	15. 47	17. 28	19. 17	21. 64
旅游总收入/亿元	1 277. 80	1 659. 70	2 057. 10	2 601. 20	3 254. 20	4 191. 36

资料来源：根据《广西统计年鉴2017》进行整理

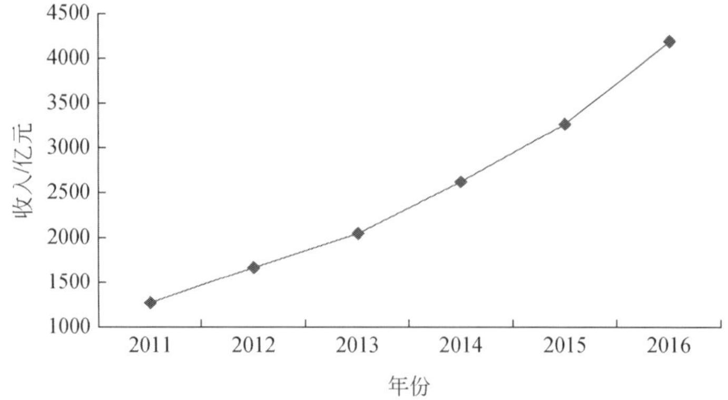

图5-4　2011～2016年广西旅游收入

资料来源：同表5-5

从图 5-4 来看，2011～2016 年广西旅游收入增长速度快且增速呈上升趋势。

云南旅游业总体发展较好，2011～2016 年云南旅游人数及旅游收入增长显著，具体见表 5-6。

表 5-6　2011～2016 年云南旅游人数及旅游收入

指标	2011 年	2012 年	2013 年	2014 年	2015 年	2016 年
国内游客人次/万人次	16 331.80	19 630.30	23 972.40	28 116.50	32 344.00	42 519.30
国内旅游收入/亿元	1 195.73	1 579.49	1 961.55	2 516.87	3 104.37	4 536.54
国际旅游人次/万人次	750.13	888.13	1 056.25	1 032.96	1 075.32	1 199.42
国际旅游外汇收入/亿美元	16.09	19.47	24.19	24.21	28.76	30.75
旅游总收入/亿元	1 300.29	1 702.54	2 111.24	2 665.74	3 281.79	4 726.25

资料来源：根据《云南统计年鉴 2017》进行整理

从图 5-5 可以看出，2011～2016 年云南旅游收入稳步增长，增长速度呈上升态势，尤其是 2016 年，增速明显上升。

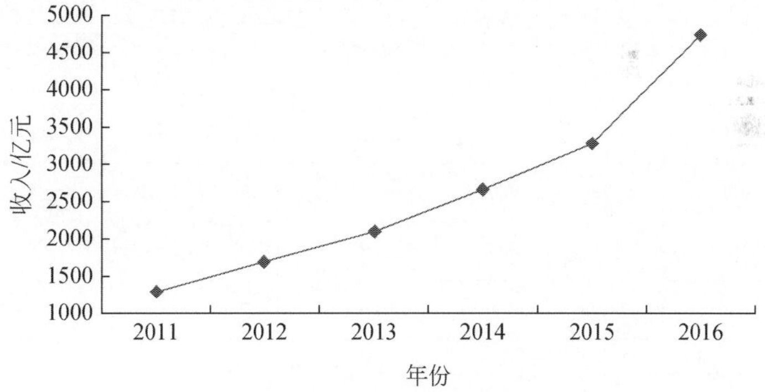

图 5-5　2011～2016 年云南旅游收入

资料来源：同表 5-6

从表 5-7 和图 5-6 可以看出，2010～2016 年，滇桂边境地区旅游增长迅速，尤其是西双版纳州，不仅旅游总收入总量较大，而且增长速度最快。

根据在防城区和梁河县的调查，防城区峒中镇、那良镇与越南接壤，边境线上北仑河缓缓流过，由于光热条件好，本地植被丰富，峒中镇和那良镇是汉、壮、瑶、侗、京等民族聚居的少数民族乡镇，边疆民族风情浓郁，旅游资源丰富。近年来，防城区沿北仑河大力发展边境旅游，同时发展特色乡村旅游，带动民宿和农家乐的发展，有力提高了农民群众经营性收入。梁河县大力挖掘休闲旅游建设项目，取得了不俗的成绩。2014 年，南甸宣抚司署、九保古镇、“五乡十八景”纳入德宏州全州旅游发展规划，首部微电影《土司八小姐》拍摄完成并上映。2014 年梁河县共接待游客 78 万人次，同比增长 21%，旅游收入 7 亿元，同比增长 34%。

表 5-7　2010～2016 年滇桂边境地区旅游总收入　（单位：亿元）

地区		旅游总收入						
		2010 年	2011 年	2012 年	2013 年	2014 年	2015 年	2016 年
云南	保山市	30.76	39.90	51.14	65.56	92.32	112.79	173.00
	普洱市	17.14	29.58	50.89	71.09	89.67	107.52	168.36
	临沧市	14.49	19.56	23.47	30.82	42.66	65.61	112.07
	红河州	69.22	86.37	103.95	127.13	157.57	191.64	274.61
	文山州	34.84	45.09	55.80	68.31	84.00	96.61	151.26
	西双版纳州	80.33	99.96	139.96	171.67	228.02	286.70	420.28
	德宏州	46.21	60.07	81.23	103.15	127.22	157.58	221.43
	怒江州	8.00	9.97	11.76	17.19	21.13	26.10	36.30
广西	防城港市	29.07	40.48	52.62	64.51	79.75	100.64	129.23
	百色市	57.37	74.23	96.31	123.30	157.66	201.82	261.79
	崇左市	37.62	52.16	66.81	80.06	100.95	132.45	182.79
总计		425.05	557.37	733.94	922.79	1 180.95	1 479.46	2 131.12

资料来源：根据《云南统计年鉴 2017》《广西统计年鉴 2017》整理

滇桂边境地区充分利用边境旅游增长的机会，挖掘滇桂边境地区的特色旅游资源，大力发展特色乡村旅游和特色村寨旅游（表 5-8）。2016 年，广西边境地区大力扶持百色市的田阳县桥马村和田东县祥周镇模范村、崇左市的大新县宝圩乡板价村和扶绥县东门镇六头村为旅游扶贫示范村，充分利用这些特色村的特殊地质地貌、生态环境、民族风情和特色民居及特色生产产业，发展特色旅游，目前都取得了明显的成效，当地村民有了更多的工作机会，特色农产品有了更好的销路，有的村还有旅游分红收入，村民收入成倍增长，脱贫效果明显。

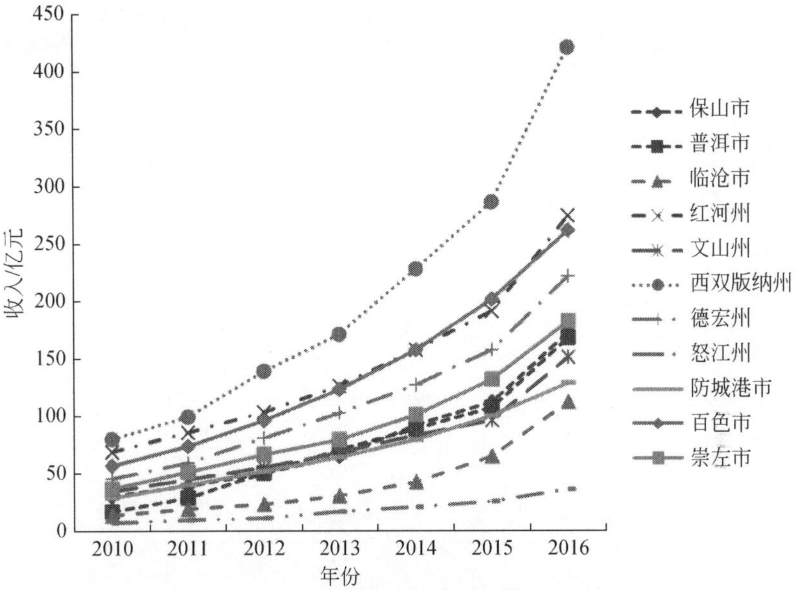

图 5-6　2010～2016 年滇桂边境地区旅游总收入

资料来源：同表 5-7

表 5-8　2016 年广西边境地区重点扶持的旅游扶贫示范村

地区	贫困村	所在村旅游资源
百色市	田阳县桥马村	典型喀斯特地貌，气候宜人，动植物种类多样
	田东县祥周镇模范村	生态旅游
崇左市	大新县宝圩乡板价村	民族风情及特色民居
	扶绥县东门镇六头村	种植姑辽茶，建设生态茶园

资料来源：2016 年自治区重点扶持的 15 个旅游扶贫示范村名单，广西壮族自治区扶贫开发办公室网站，http://www. gxfp. gov. cn/html/2016/zlk_0823/436. html

滇桂边境地区有大量特色村寨，在国家的政策扶持下，地方政府充分利用发展旅游的东风，将少数民族特色村寨的保护与开发相结合，为滇桂边境地区的脱贫致富奠定了坚实的基础。

3. 边境贸易稳步发展

由于特殊的地理区位，滇桂边境地区的边境贸易在云南、广西对外贸易中占有重要地位，近些年来，滇桂边境地区的贸易总额明显上升，其中广西边境贸易额也明显上升，且边境贸易额占总贸易额的比例也呈明显上升的态势，云南边境贸易发展相对比较缓慢，但总体呈上升趋势（表 5-9 和图 5-7）。

表 5-9 2006 ~ 2016 年广西外贸进出口总额、边境贸易总额及边境贸易比例

年份	外贸进出口总额/亿美元	边境贸易总额/亿美元	边境贸易比例/%
2006	66. 74	14. 67	21. 98
2007	92. 77	23. 77	25. 62
2008	132. 42	31. 25	23. 60
2009	142. 06	39. 84	28. 04
2010	177. 06	51. 28	28. 96
2011	233. 31	75. 75	32. 47
2012	294. 74	97. 27	33. 00
2013	328. 37	126. 97	38. 67
2014	405. 53	163. 38	40. 29
2015	512. 62	246. 40	48. 07
2016	478. 97	209. 17	43. 67

资料来源：《广西统计年鉴 2017》

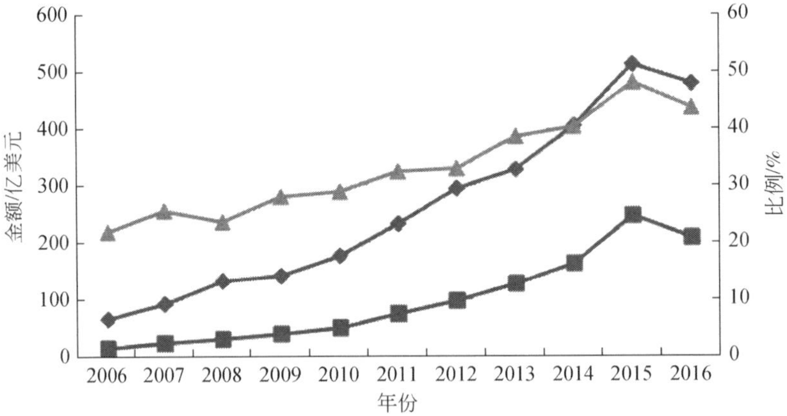

图 5-7 2006 ~ 2016 年广西外贸进出口总额、边境贸易总额及边境贸易比例

资料来源：同表 5-9

从图 5-7 可以看出，广西外贸进出口总额和边境贸易总额稳步增长，2016 年均有所下降，边境贸易总额占外贸进出口总额的比例也在不断地增加。

与广西相比，云南的对外贸易发展的相对较差，2014 年以前，外贸总额增长，2015 年、2016 年外贸进出口总额下降明显，边境贸易规模小，徘徊不前。具体情况见表 5-10 和图 5-8。

表 5-10　2006～2016 年云南外贸进出口总额、边境贸易总额及边境贸易比例

年份	外贸进出口总额/亿美元	边境贸易总额/亿美元	边境贸易比例/%
2006	62. 32	7. 76	12. 45
2007	87. 80	10. 11	11. 51
2008	95. 99	12. 01	12. 51
2009	80. 19	12. 61	15. 73
2010	133. 68	17. 36	12. 99
2011	160. 53	20. 05	12. 49
2012	210. 05	21. 49	10. 23
2013	258. 29	33. 34	12. 91
2014	296. 22	35. 79	12. 08
2015	245. 27	24. 91	10. 16
2016	199. 99	29. 47	14. 74

资料来源：《云南统计年鉴 2017》

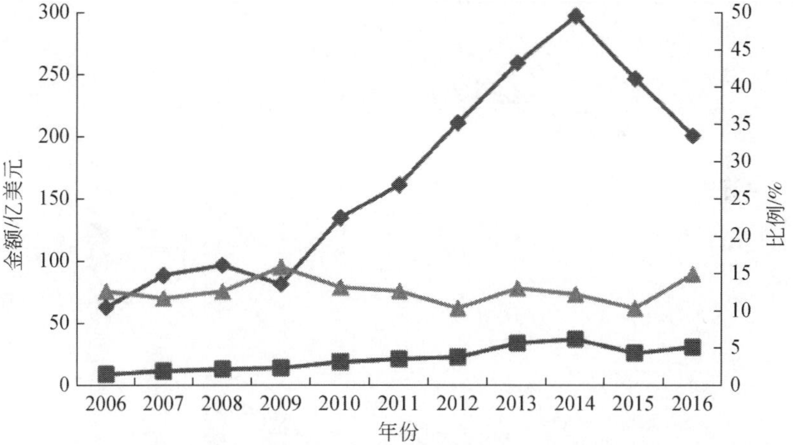

图 5-8　2006～2016 年云南外贸进出口总额、边境贸易总额及边境贸易比例

资料来源：《云南统计年鉴 2017》

在边境贸易发展比较快的广西，边民互市贸易增长特别迅速（表 5-11 和图 5-9）。广西作为中越接壤的边境地区，在其边境线上有着多达 26 个边民互市点。从古至今，中越的往来便密切频繁，两国的交往不断深入，也促进了便民互市贸易的发展。2016 年广西越南边民互市贸易总额达 666. 9 亿元，同比增长率高达 88. 7%。边民互市贸易对于广西外贸稳定增长和边境地区经济社会发展起着重要作用。

表 5-11　2006～2016 年广西边民互市贸易额及同比增长率

年份	边民互市贸易额/亿元	同比增长率/%
2006	25.5	64.6
2007	25.9	1.6
2008	26.5	2.3
2009	30.1	13.6
2010	45.1	49.8
2011	97.2	115.5
2012	117.1	20.5
2013	227.0	93.9
2014	285.4	25.7
2015	353.4	23.8
2016	666.9	88.7

资料来源：南宁海关

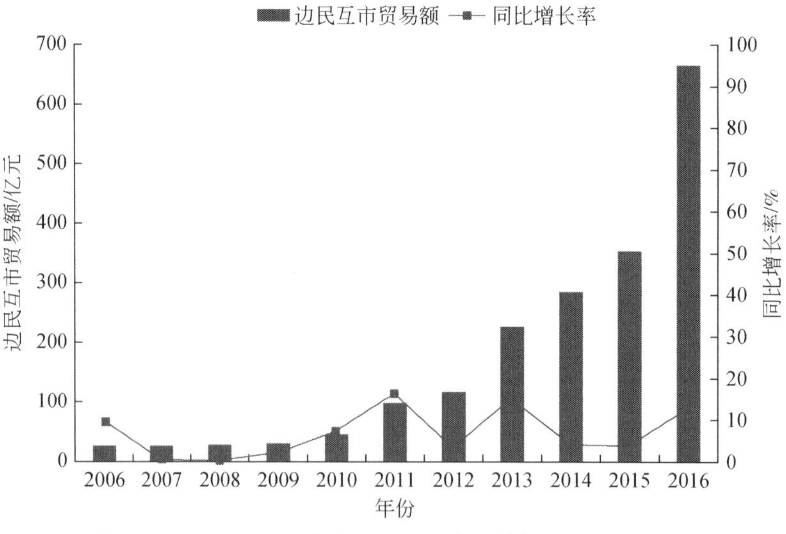

图 5-9　2006～2016 年广西边民互市贸易额及同比增长率

资料来源：根据表 5-11 作图

根据在广西防城港市防城区的调研了解到，防城区地处中越边境，共有 5 个对外贸易窗口，其中陆地边境上有峒中口岸、里火口岸，引导边民参加互市贸易，峒中镇中旧街90%以上边民直接参与了互市贸易，人数达3200多人，收入占年人均收入的80%以上，年人均收入近万元。

（四）基础设施建设、生产生活条件有所改善

边境地区往往山高路远，或者不通公路，居民出行极其困难，物流成本高，地方经济难以发展。2000年以来，广西区政府先后组织实施了3次大规模的边境基础设施大会战，政府加大对边境地区交通、通信、水利、环保等基础设施的投资和建设，为边境地区的经济发展打下了坚实的基础。

主要公路建设为滇桂边境地区经济发展打下坚实基础。广西与越南相邻，其陆地边境线长达637km。广西沿边公路的开通，为广西边境地区的发展带来翻天覆地的变化。在本课题组在广西沿边公路经过的那良镇高林村和六市村进行村级访谈和入户调研时，村委成员和村民一致认为让他们脱贫致富最重要的因素是开通了沿边公路。有了沿边公路，村民出行方便，边境贸易越来越发达，边境旅游的资源才得以开发，工作机会越来越多，挣钱越来越容易，日子越来越好过。

道路进村、进屯，方便群众。乡村“行路难”长期以来一直困扰着滇桂边境地区的村民，成为制约滇桂边境地区农民脱贫致富的瓶颈。“十三五”期间，滇桂边境地区充分利用兴边富民资金和其他资金，重点向贫困地区倾斜，加快农村公路建设，对乡村道路进行硬化，打通脱贫“最后一公里”。

饮水安全工程和安居工程改善群众生活。多年来，滇桂边境地区农村的饮用水水源一直是望天问雨，水源不稳定且未经过消毒，水质严重不达标，缺水和饮用水不安全，饮水困难，直接威胁滇桂边境地区农户的身体健康和生产生活的质量。防城区积极抓好饮水安全工程和安居工程，积极改善群众生产和生活条件，“十二五”以来，滇桂边境地区投入大量资金和精力解决农村饮水问题，重点关注贫困村饮水安全问题，针对水源、水量、水质和运行保障问题采取得力措施进行解决。保护水源，修建小型自来水处理厂或者修建蓄水池，进行简单过滤和消毒，集中供应，对于居住特别分散的地方，通过打水井或修建水柜收集雨水，经过适当处理后供水至用水户。开展分散式供水工程饮水卫生教育培训。针对水窖等分散式供水工程大多由群众“自建、自管、自用”的实际，各地要切实加大饮水卫生宣传教育培训，指导帮助群众增强饮水风险防范意识，养成良好饮水卫生习惯，努力避免喝生水；指导群众科学使用水窖等分散式供水工程，提前蓄水、储水，平时注重做好工程周围环境管理和污染防控。2010～2016年，广西农村已通自来水的比例由2010年的66.37%上升到2016年的79.52%，具体见表5-12。

表 5-12　2010 ~ 2016 年广西农村通自来水情况

年份	2010	2011	2012	2013	2014	2015	2016
村委会个数/个	14 354	14 355	14 355	14 337	14 046	14 278	14 278
自来水受益村数/个	9 527	9 827	10 113	10 140	10 935	10 993	11 354
已通自来水比例/%	66.37	68.46	70.45	70.73	77.85	76.99	79.52

资料来源：《广西统计年鉴 2017》

（五）社会事业全面发展

1. 教育方面

从表 5-13 和图 5-10 来看，2006 ~ 2015 年广西每万人在校大学生人数稳步增长，除了 2013 年有所下降以外，从 2006 年的 78 人增加到 2015 年的 157 人，翻了一倍。

表 5-13　2006 ~ 2015 年广西每万人在校大学生人数

年份	2006	2007	2008	2009	2010	2011	2012	2013	2014	2015
每万人在校大学生/人	78	91	102	109	123	130	139	137	148	157

资料来源：根据《广西统计年鉴 2016》进行整理

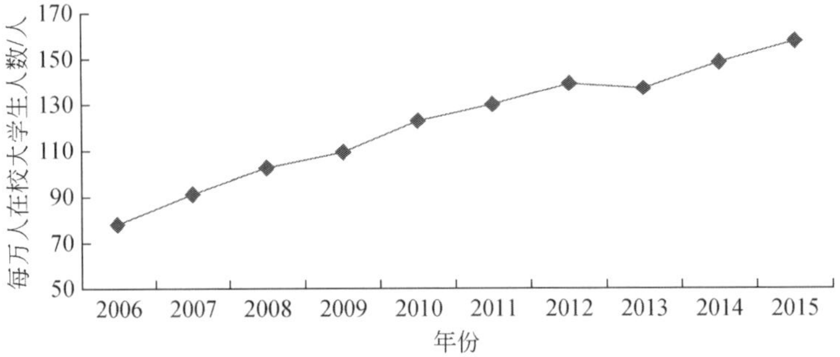

图 5-10　2006 ~ 2015 年广西每万人在校大学生人数

资料来源：同表 5-13

从实地调研来看，随着经济的发展和对扶贫的投入增加，防城区和梁河县对学校办公经费的投入逐年增多，保障了学校教育工作的正常运转，落实了“两免一补”政策，切实减轻了农民负担，提高了学生入学率。

2. 医疗卫生方面

从表 5-14 和图 5-11 可以看出，2006 ~ 2016 年广西、云南的人均医疗卫生资源数量稳步增长。每万人医院、卫生院病床数和每万人卫生技术人员数量逐步增加，广西的整体水平高于云南的整体水平。

表 5-14　2006～2016 年广西、云南每万人医院、卫生院病床数和每万人卫生技术人员

年份	广西		云南	
	每万人医院、卫生院病床数/床	每万人卫生技术人员数量/人	每万人医院、卫生院病床数/张	每万人卫生技术人员数量/人
2006	18.2	27.5	17.3	27.1
2007	20.6	30.5	18.4	27.4
2008	22.8	32.3	19.9	27.8
2009	25.3	34.9	21.9	29.4
2010	29.0	40.3	24.5	30.8
2011	27.2	39.2	27.3	32.2
2012	29.9	42.1	30.8	35.4
2013	36.9	49.5	33.3	41.2
2014	39.5	54.4	36.0	44.3
2015	40.6	57.3	38.2	48.1
2016	43.2	59.9	40.8	52.5

资料来源：根据《广西统计年鉴 2017》《云南统计年鉴 2017》进行整理

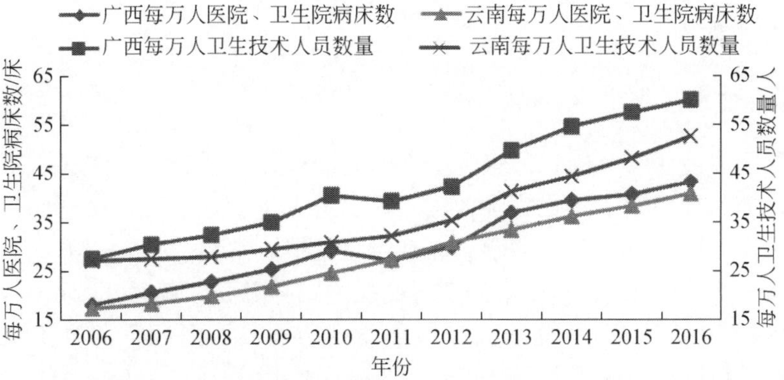

图 5-11　2006～2016 年广西、云南每万人医院、卫生院病床数和每万人卫生技术人员数量

资料来源：根据《广西统计年鉴 2017》《云南统计年鉴 2017》进行整理

从实地调研来看，针对边境山区山高路远，交通不便和居住分散的情况，防城区和梁河县大力投入资金，设立村级卫生室，每个村级卫生室至少配备一名医生和护士，让村民小病就在村里解决，方便村民就医。防城区 146 个行政村全部有合格卫生室和合格乡村医生/执业（助理）医师。课题组在梁河县河

西乡二古城自然村和九保阿昌族乡勐科村进行调研了解到，村委会均配有卫生室和医生。

3. 社会保障和救济制度方面

建立新型农村合作医疗制度和农村低保制度，为村民脱贫致富建立制度保障。在防城区，农民参与养老保险有补贴，边境线 20 km 以内的村民参与新型农村合作医疗完全免费，对边境地区的困难家庭在低保方面能保尽保。课题组在梁河县河西乡二古城自然村和九保阿昌族乡勐科村进行调研，农村社会养老保险和新型农村合作医疗保障实现全覆盖。

（六）帮扶力度加大，增强了贫困村发展活力

以防城区为例，防城区从 2012 年起，实施“领导挂村、单位包村、干部包户”，（即“一挂两包”）行动。目前，共有市委办公室、市纪律检查委员会、市人大机关等 65 个市直单位和区委办公室、区人大常委办公室、区政府办公室等 86 个区直单位及 53 家国有、非公企业、驻地部队定点扶贫 35 个贫困村，实现了贫困村扶贫开发工作单位包村定点扶贫全覆盖。在结对帮扶 1301 户贫困户的基础上，动员组织 1070 名党员领导干部新增结对帮扶 1070 户贫困户。各挂村领导、包村单位、干部通过送技术、政策、信息等互动形式，有效地增强了贫困村、贫困户的发展活力。课题组在梁河县二古城村进行调研了解到，二古城的进村道路的硬化也是在上海某对口扶贫单位的支持和帮助下才得以建成。

（七）发放边民生活补助，边民归属感增强

对位于边境 0～3 km 地区符合条件的边民进行生活补助。边民生活补贴政策让边境地区居民安心扎根边疆，国防意识进一步增强，让边民感受到祖国的关怀，边民的归属感增强。课题组在德宏州调研了解到，德宏州发放边民补贴的标准为每户每年 1000 元，远低于防城区边民补贴每人每月 96 元的标准。目前，“兴边富民行动”只覆盖到有边境线的边境县，因此梁河县不在此行动之列。

二、现有扶贫模式存在的问题与不足

滇桂边境地区采取多种扶贫模式进行扶贫开发，取得了显著成绩。在精准扶贫背景下，滇桂边境地区现有扶贫模式也存在着诸多的不足或问题。因为各种扶贫模式之间是相互联系相互影响的，本节先论述滇桂边境地区现有扶贫模

式总体上存在的问题与不足，再论述若干种典型的扶贫模式存在的具体问题与不足。

（一）现有扶贫模式总体上存在的问题与不足

1. 贫困户识别不精准

精准识别扶贫对象，主要是指对贫困村和贫困户的识别，在扶贫对象的精准识别方面主要存在以下难点或问题。

（1）贫困规模的确定自上而下

“两项制度衔接”［农村最低生活保障制度（低保）和扶贫开发政策制度的有效衔接］的一系列政策都明确指出对衔接对象要以县为单位实行“规模控制”。也就是说贫困人口规模的确定不是基于科学标准识别出来的，而是基于省级扶贫部门测算的结果自上而下分配的。这也就意味着贫困规模是自上而下确定，并不是按照某个标准由基层统计并逐级上报的结果。从实地调研来看，贫困户指标与实际贫困户并不一致，这必然导致一部分真实贫困的村或农户因为“规模控制”得不到应有的政策扶持。根据怒江州的扶贫干部反映，有的农户人均收入略高于当地贫困线标准，但家里依然是茅草房，家庭生活实际非常困难，但如果将这部分农户纳入贫困户，将会超出上级政府下达的贫困户指标，据此，这部分农户就被排斥在贫困扶持之外。

（2）区域扶贫政策的排斥

集中连片扶持政策在客观上导致了某些贫困村或贫困户被排斥在精准识别范围之外。由于行政区划的限制，有的地方为搭上集中连片特困地区扶贫开发的政策，为连片而连片，将某些非贫困村纳入连片开发地区，而忽视了某些插花式贫困村或贫困群体。

为促进边境地区的发展，实现民族团结与稳固边防，1999 年中国开始推进“兴边富民行动”。该行为一直持续到现在，有的县离边境很近，但仅仅因为不接壤，就被排除在“兴边富民行动”规划以外。在边境地区调研过程中，某靠近边境的内陆县甚至希望与其相邻的边境县重新划分行政区域，从而也成为拥有边境线的县，可以享受“兴边富民行动”相关政策。

（3）贫困户具体识别过程和结果不科学

由于规模“总量控制”的缘故，贫困户指标有限，县、乡镇、村在上级分配指标的基础上进行贫困户的识别，由于各种主观或客观的原因，真正的贫困户可能被排斥而不予识别。贫困户的确定一般要经过以下几个步骤：一是贫困户申请；二是入户调查核实；三是民主评议；四是公示；五是县乡镇审核审批。以上五个步骤，任何一个步骤出现问题，都将导致贫困户被排除。

第一，就贫困户申请来说，有的村关于申请贫困户的条件和扶贫政策宣传不到位，村民对政策了解不透彻，有相当多的贫困户由于没有文化，信息很封闭，根本就不了解扶贫政策，在综合经济条件较好的地方，有的贫困户出于面子或其他原因不主动申请贫困户。第二，入户调查核实步骤是建立在申请的步骤基础之上，如果由于各种主观或客观的原因，村民也未提出申请，也就不会有入户核实调查。第三，民主评议能否做到公平公正公开取决于谁来评价、评价的标准如何、怎样进行评议，由谁来监督，这些标准和条件及具体的评判往往受村领导意志的影响。第四，就公示来说，是否做了公示，在什么地方做公示，公示期有异议该如何处理，许多地方贫困群体对此根本就不清楚。第五，县乡镇审核审批方面，往往都是依据村里报上来的材料进行形式审查，很少有抽查重新入户审查的过程，也就是说贫困户的决定基本上就在村一级确定了。笔者在入户调查中发现，承担精准识别任务的人员往往不严格执行相关扶贫政策的要求，缺乏应有的公开和民主，将真正的贫困人群排斥在贫困户名单之外。

2. 扶持方式不科学

(1)注重物质、忽略其他方面

从扶贫内容上看，绝大多数扶贫政策和措施侧重于物质扶贫，而在教育扶贫、医疗卫生扶贫、金融保险扶贫和技术培训等方面还做得很不够。通过在云南和广西的农户调查了解到，对农户的扶持大多集中在扶持种养业方面，许多贫困户一般都能得到免费的种子、种苗、化肥、小猪、小羊、小鸡等生产资料。在这种普通物质的帮扶下，许多贫困户依然原地踏步，脱贫困难。关于帮助贫困户积累人力资本的教育和技术培训方面的扶贫措施还远远不够。在广西防城港市防城区那良镇高林村调研发现，在这些山区，山高路远，农村学校撤并，学校寄宿设施缺乏，虽然有“两免一补”政策，但学生上学的成本依然很高，有许多贫困家庭孩子放弃读书，甚至不能完成九年义务教育，这又为下一代新的贫困埋下伏笔。在金融扶贫方面，在贫困地区，金融服务成本和风险高，金融机构没有足够的动力拓展农村金融服务，贫困的农村地区金融资源有限，由于农村相关产权方面的限制，房屋宅基地、责任田等都不能进行有效抵押，缺乏担保，能满足农村或农民的金融产品数量相当有限。例如，贫困农户申请贷款的贷款期限与农业生产周期不匹配，农业生产周期长、风险大，投资回收期长，农户的贷款项目还不到农业收益期就要归还贷款，这都严重限制了贫困农户的脱贫致富。在医疗卫生方面，农村医护人员严重不足、缺医少药，不少农民的基本医疗需求都无法满足，因病致贫问题相当突出。

尽管中国的扶贫已由“输血式”扶贫改为“造血式”扶贫，但许多地区的扶贫工作依然只注重物质扶贫，不注重贫困户的教育、提高其素质和改变其精神面貌，等、靠、要的思想严重，有的地区的贫困户终日懒散，不思进取，争戴贫困帽子。

(2)重视扶贫形式、脱离实际需求

中国的扶贫政策通常是自上而下的，往往由上级部门主导和推进，缺乏充分的实地调研，脱离贫困地区或贫困户的实际需求，提供的扶贫项目在当地无法有效实施，没有体现因地制宜、因户施策，千篇一律，缺乏针对性、个性化、无法实际操作，严重水土不服。在云南省梁河县的调研了解到，该县某村前几年实行养猪项目扶贫，由于当地旱季和雨季分明，旱季人畜饮水困难且因干旱，无法为猪提供足够的青饲料，此项目最后无疾而终。某村推行某果树种植项目，但在果树挂果期，当地雨水过多，果实脱落，导致挂果率太低，后来果树全被砍伐，农民损失惨重。

(3)重视生产、忽视市场

实施项目扶贫必须要考虑自然、市场等多方面的风险。目前，针对贫困户的产业帮扶措施仍然是重生产、轻市场，只顾眼前利益，不顾长远利益，违背产业发展规律。在调研中发现，扶贫机构往往注重扶贫项目的生产环节，对其产品的市场前景不了解不关心，导致许多扶贫项目盲目投入，一窝蜂大干快上。例如，某县的某扶贫种植项目，实施第一年项目利润可观后，在第二年就大规模扩大种植，导致产品价格急剧下跌，农户损失惨重。对于农民已有的传统农业种植和养殖，扶贫部门往往主抓产量，忽视市场风险，没有采取有力的措施帮助农民规避风险。在云南梁河县调研发现，甘蔗是该县重要的经济作物之一，2014 年该县农民甘蔗大丰收，卖给县甘蔗糖厂，由于糖价下跌，糖厂严重亏损，只能给农民打欠条，县财政也没有充足资金来妥善处理此事，使许多农户因此重新陷入贫困。

(4)扶贫门槛较高、排斥贫困户

由于国家投入的扶贫资金不够，有不少扶贫项目都要求贫困户有一定的投入，有的要求还相当高，许多真正的贫困户因为较高的扶贫门槛被排斥在相关扶贫政策之外，真正能享受扶贫政策的往往是能跨越门槛的非贫困户。在云南德宏州调研了解到，该州为促进农村危房改造，可以对进行房屋改造的贫困户每户补贴 1 万元，但前提是房屋改造必须要达到相关要求，据测算，新修或改造房屋要达到改造要求，在当地的造价通常是 5 万 ~8 万元，也就意味着农户要自掏资金 5 万 ~8 万元新修或改造房屋，然后通过上级验收合格才能拿到 1 万元的补贴，对于当地的农户来说，能拿出 5 万 ~8 万元的资金已是相对富裕的农户。对于地方政府来说，如果不把这笔补贴资金用于本州的房屋改造，资金将被上级政府收走，地方政府不想放弃这笔资金，在政策执行中只能是谁能修好达到条件的房屋就给予1万元的补贴，这样就导致真正居住严重危房的贫困户被排斥在住房改造补贴政策之外。对于需要移民搬迁的贫困户，搬迁农户通常需要自己负担一些，但由于搬迁费用相当高昂，许多需要搬迁的贫困农户根本无法负担，最终也出现搬富不搬穷的现象。

3. “精准管理”不到位

(1)扶贫相关部门财权与事权不匹配

中国的扶贫工作依然是政府主导，政府各种组织制度安排的问题突出。在扶贫资金组织管理体制上，多部门多头管理、责权分离导致扶贫步调难以协调一致。各级政府部门扶贫责任大资金权力小，而金融机构资金权力大扶贫责任小，金融部门往往出于利润最大化的目标，对扶贫部门选择的项目以资金安全和效益为由进行否决，使得急需扶持的项目难以得到资金支持。就扶贫资金的组织结构来看，各级扶贫办是扶贫工作的主要办事机构，但对众多的扶贫资金缺乏特殊的管理权限，扶贫办在具体扶贫工作中的地位与权限被弱化。

(2)扶贫资金分散，缺乏有效监管

中国扶贫资金来源多样，扶贫具体方式多样，实际扶贫工作多头领导，不同资金分属不同部门管理，各部门资金按自行渠道下拨，各项扶贫资金条块分割，扶贫工作协调性差，以至于资金分散，难以形成合力且不容易监管。资金浪费、沉淀严重，资金使用效率极低。

由于扶贫工作涉及多个部门，资金来源渠道不同，各部门财权与事权不匹配，扶贫办的地位被弱化，各相关部门各自为政，缺乏有效的协调，扶贫资金不能有效进行监管，各级主管部门挪用扶贫资金、擅自变更项目或资金用途、通过项目骗取扶贫资金现象严重，扶贫资金下拨也是雁过拔毛，在扶贫资金发放过程中，照顾关系户、行贿受贿普遍，到达真正贫困人群手中的扶贫资金十分有限。

(3)扶贫绩效考核不够完善

扶贫绩效考核不够完善主要体现在两个方面：一是各级政府官员的年度考核依然以GDP为主，未将扶贫工作成效纳入其业绩考核，许多地区的扶贫工作流于形式，年年扶贫年年贫，许多县争戴贫困的帽子以争取更多的扶贫资源。二是没有建立起有效的扶贫工作绩效评估制度。由于多方面的原因，中国扶贫工作多注重投入，而对投入过程中的扶贫资金监管、资金使用效率、投入过后的绩效评价不足，考核评价办法没有具体细化，也缺乏评价指标体系，资金的分配没有与地方完成扶贫任务的好坏挂钩，缺乏激励机制，扶贫工作的责任和任务没有落到实处，扶贫成本高，扶贫效果欠佳。

（二）现有扶贫模式存在的具体问题与不足

近几年，滇桂边境地区的财政扶贫投入资金大幅增加，贫困发生率大幅下降，人们生活水平显著改善，但财政扶贫依然存在以下三个方面的问题。一是扶贫资金缺口大。由于滇桂边境地区历史欠账太多，脱贫成本太高，扶贫资金缺口依然巨大，尤其是交通建设和住房改造这两块资金缺乏最突出。据《中国农村贫困监测报告 2017》显示，云南怒江州山高坡陡，交通不便，2016 年年底还有 1000 多个自然村未通公路，需依靠骡马和步行进入，沧源县直过区交通建设路面类型为水泥混凝土，路基宽度 5.5m，路面宽度 3.5 ~4.0m，每千米投资约 85 万元，按照上级补助 25 万元/km，资金缺口 60 万元/km，涉及里程 1216.17km，资金缺口总计 72 970.2 万元。二是扶贫资金不能及时到位。据《中国农村贫困监测报告 2017》显示，沧源县某村危房改造，按补助政策是每户补助 4 万元建房，分拆房子、打地基、封顶、入住 4 个环节，每完成一个环节给 1 万元，但实际上建房补贴拖欠，发放不到位。三是扶贫资金使用监管不力。根据国务院扶贫开发领导办公室网站曝光台通报，扶贫领域虚报冒领、优亲厚友、“不作为、慢作为”等问题仍然突出，具体形式有套取政府贴息扶贫贷款、违规截留、挤占低保名额等。

特色农业扶贫是开发式扶贫的一种重要模式，产业扶贫让滇桂边境地区的贫困农户得到了一定的实实在在的好处，但滇桂边境地区的产业扶贫也存在着许多不足。一是基础条件差、缺乏规模效应。滇桂边境地区的贫困农户多集中在偏远的山区，耕地少且分散，交通不便、技术落后、信息交流不畅、市场发育不成熟，缺乏大规模生产的基础，许多贫困地区的贫困户发展特色种养，大多都是自产自用，即使有剩余想到市场上去卖，也因高流通成本和时间成本而无法成行，这都制约了贫困户脱贫致富。二是扶贫产业普遍存在重生产轻市场的现象，产业扶贫大多在政府的主导下进行，相对于健康和文化扶贫，产业扶贫往往能凸显短期收益，政府也更热衷于产业扶贫，在产业扶贫开发过程中，生产投入相对容易，但对产品的市场销路关注不够。在防城区那良镇调研得知，某村发展特色金花茶种植，政府免费提供金花茶树苗，村里集中地块种植金花茶，种植下去 3 年以后，金花茶开始产出，但一直无人管理，金花茶林闲置，无人关注产品该销往何处，村民也不知该如何办。

滇桂边境地区的旅游资源特别丰富，十分适合发展旅游扶贫，旅游扶贫为当地农户提供了更多的就业机会，农户收入大幅增加。滇桂边境地区的旅游扶贫主要存在以下问题。第一是基础设施不到位，严重束缚了滇桂边境地区旅游产业的发展。沿着广西沿边公路进入防城区那良镇进行调研了解到，广西沿边公路于2002年全线通车，到现在已经年久失修，路面坏损较为严重，早已无法满足迅猛发展的沿边旅游的需求。第二是生态环境面临挑战。随着边境旅游的兴旺，越来越多的外来人口进入滇桂边境地区的特色旅游地区旅游，外来旅游者带来消费增加和当地居民收入增加的同时，各种废物和生活垃圾也急剧增加，对当地的生态环境构成严重威胁。第三是旅游项目同质化趋势严重。依靠发展旅游脱贫致富的确是个好途径，但滇桂边境地区一哄而上发展乡村旅游、特色村寨旅游，旅游项目同质化趋势严重，内部竞争激烈，旅游品质缺乏保障。第四是乡村旅游的发展，不同人群捕获资源的能力不同，很多贫困群体由于多方面条件的限制和能力不足，处于被边缘化的状态，导致贫富差距更大，容易引起贫困人群的不满。

易地搬迁模式通常迁入地各方面综合条件均比原居住地优越，收入方式更加多元化，搬迁农户生产和生活条件有所改善。因受政府投入和政策支持、迁入地生存条件和搬迁农户自身因素的影响，易地搬迁扶贫模式依然面临着以下难题：第一，扶贫投入和需求差距大。滇桂边境地区地理环境恶劣，易地搬迁成本非常高昂，扶贫投入远远满足不了实际需要。第二，人地矛盾突出、实现充分就业比较困难。通常迁入地的综合条件比原居住地的条件优越，但依然受许多条件的约束，如云南怒江州，部分新居住点依然大概率会发生次生灾害，存在严重的安全隐患，人多地少，可供开发资源有限，易地搬迁的村民很难在新的安置点得到足够的耕地，到新的安置点意味着搬迁农户要放弃原来的生产资料和生产、生活方式，一切需要从头开始，但又缺乏其他的谋生技能，实现充分就业困难。在许多新的集中安置点，生活的水、气等生活资料均需要购买，生活成本更高，难以为继，容易返贫。第三，社区管理难度加大。迁出地农户要背井离乡迁入新居住点，与原来的社会关系割裂，碰见困难和问题后求助困难，在人际交往上更容易陷入孤立；迁入地群体要接受外来人口的迁入，要相处的融洽，社会重构需要一个漫长的融合过程，尤其是有些迁出的少数民族与迁入地群体在生活习惯、宗教信仰和民族文化方面差异很大，如果管理不当，很容易导致新的歧视和冲突，加深矛盾，迁入农户持续脱贫困难。

教育扶贫可以提高人力资本，增加农民脱贫致富的能力，促进农业技术的推广和进步，提高生产力，增加收入，因此教育扶贫是“造血式”扶贫的重要方式，关系到农户未来的长远发展。滇桂边境地区的教育扶贫依然存在以下问题和不足：教育投入不足，滇桂边境地区教学条件和设备差，教学质量相对较差，在短期内难以提高；从正式的学历教育和灵活的培训教育相比较来看，短期的培训教育在短时间内教会一门技能或手艺，能增加劳务输出，促进农户收入多元化，在短期内能起到较好的脱贫效果，相对而言，政府乐于这种方式的扶贫投入，但从长远来看，智力扶贫更能解决长远的脱贫问题，因为受教育程度和农村代际贫困传递之间有高度的关联，教育是阻断代际贫困的最重要的手段，直接关系到未来人口是否能够脱贫，但系统的学历教育投入大，见效慢，在短期内对消除当前贫困的作用不明显，而且很有可能因为家庭在子女教育上的投入而导致该家庭在短期内陷入贫困，因此正式的学历教育很可能为地方政府所忽视，从而不利于长期的脱贫。

健康扶贫模式让滇桂边境地区医疗卫生水平大大提高，贫困群众在一定程度上摆脱了看病难和看病贵的状态。但滇桂边境地区的健康扶贫模式依然面临着以下难题：一是医疗水平和资源有限，远远落后于全国平均水平，许多重病、疑难杂症依然要辗转多地求医，看病难、看病贵的局面没有得到根本扭转；二是当前健康扶贫政策主要向建档立卡的贫困户倾斜，非建档立卡的贫困群众享受待遇少；三是由于健康扶贫政策对贫困户的优待，贫困户自己需要负担的费用非常低，这导致部分贫困人口把医院当养老院，大病、小病都要住院，挤占床位资源，有的贫困户甚至与地方医院联合套取地方健康扶贫资源，导致健康扶贫资源错配，医保基金支付压力大，未来可能难以为继。

生态扶贫模式对生态脆弱的贫困地区的发展具有长远的战略性意义，通过生态扶贫，滇桂边境地区的自然生态得到有效保护，但也存在着以下问题：短期脱贫攻坚目标与长期生态化发展目标之间存在矛盾，生态环境保护和治理周期长，维护成本高，需要长时间的资源投入，这加重了地方政府的财政压力，生态扶贫周期长，短时间内难以起到明显的效果，地方政府生态扶贫动力不足；生态贫困地区脱贫愿望强烈，政府脱贫攻坚任务重，当地农户的林地等资源因生态扶贫而被限制使用，但地方政府财力有限难以在短时间内筹集到足够的资源对贫困户进行补偿和适当的安置，这扩大了地方政府和贫困群众之间的矛盾，生态扶贫工作难度加大。

定点扶贫模式使扶贫工作精准到户，更有组织保障，能在一定程度上规避农户面临的市场风险。定点扶贫模式也面临着以下困境：第一，参与驻村帮扶和结队帮扶农户的干部基本脱离原本的工作岗位，对其本职工作带来较大的影响，驻村和结对帮扶干部自身家庭条件也一般，长期与家人分离，对扶贫干部也造成了较大的压力。第二，驻村结对帮扶虽然更加精准，但农户的自主意识还远远不够，有的农户认为，脱贫是扶贫干部的事情，自己不积极主动，自己脱不了贫就是领导干部的责任，“等、靠、要”思想严重，滋长了懒惰之风。第三，定点扶贫模式主要依靠外来力量投入，农户的自身能力和认识在短期内难以改变，内生动力不足，一旦外部力量撤出，脱贫农户很有可能再次返贫。

整村推进模式对于自然条件约束明显的贫困地区的脱贫效果非常明显，该模式充分调动政府、社会和扶贫对象的积极性，将政府资源和各种社会资源整合起来，实现“多个龙头进水、一个龙头放水”，提高了扶贫资金的合力，提高了扶贫的瞄准性，减少了扶贫资源漫灌导致的“漏损”，较大程度地保证了贫困资源最大限度地覆盖贫困人口，改善贫困地区贫困人口最基本的生存条件，为实现贫困人口的可持续发展创造基本条件。对于边远地区、基础设施很差的地区来说，整村推进模式在短时间内脱贫效果明显，但这种脱贫模式也存在着明显的不足，主要体现在以下几个方面：第一，扶贫资源过度依赖外部的投入和干预，农户缺乏脱贫的内生动力，一旦不能保障持续性的外部资源投入，已脱贫农户立马重新陷入贫困；第二，由于扶贫投入和扶贫需求的巨大差距，扶贫资源稀缺，扶贫投入的规模严重不足，在整村推进模式下，由于历史欠账太多，贫困村需要改善的方面太多，只能以点带面；第三，贫困户因能力贫困不能充分摄取扶贫资源，贫困村内不同能力贫困户利用扶贫资源能力不同，可能进一步扩大贫富差距，可能导致最贫困的人群更加贫困。

电商扶贫让滇桂边境地区的特色产品在网上更容易找到市场，一定程度上解决了市场中信息不对称的问题，为贫困农户打开了新世界的大门。滇桂边境地区电商扶贫还存在以下一些问题：第一，基础设施还不完善。滇桂边境地区许多地区还没有通网络，物流设施和服务也跟不上，发展电商缺乏基础条件。第二，电商人才极度匮乏。城市的电商发展相对成熟，电商进入农村领域的时间不长，对许多农户来说是第一次接触，以前从来没有听说，更不知道如何将电商为自己所用。农民本身受教育程度有限，受能力和观念的影响，接触新事物较慢，互联网电商人才极度匮乏，有待长期培养。第三，网络特色品牌建设不足。电商虽然通过网络渠道拉近了产地产品与消费者的距离，但电商渠道依然竞争激烈，如果仅仅局限于单个电商单打独斗，仅仅是农产品多了一个网络销售渠道，网络特色品牌建设不足，顾客缺乏对产品的足够认知，产品依然难以销售。

第三节　扶贫模式的完善

一、完善对扶贫模式的认知

（一）各种扶贫模式相互联系、相互影响

滇桂边境地区的致贫因素特殊、致贫机理复杂，各种致贫因素相互影响，各种脱贫模式彼此也有密切的关联，因此针对某一致贫因素采取单一某种扶贫模式

既不科学也不现实。各种扶贫模式密切相关，如生态扶贫、教育扶贫、健康扶贫、易地搬迁等都离不开财政的支持；产业扶贫受当地的生态环境的约束，也对当地生态环境产生影响。只有各种扶贫模式共同发挥作用，才能更好地帮助滇桂边境地区脱贫。

（二）教育、医疗、生态环境保护具有长期性

“十年树木、百年树人”，教育投入大，人才培养周期长，见效慢，“授人以鱼不如授人以渔”，通过发展教育提高受教育水平，是反贫困的长远之计。发展医疗事业，保障贫困地区贫困人口的健康，摆脱“因病致贫”任重而道远，不是一朝一夕的事情。生态环境保护与发展经济存在着矛盾的一面，与短期的经济目标有一定的冲突，处理不好，生态会严重恶化，得不偿失，生态环境保护投入大，见效慢，地方政府缺乏足够的动力去积极保护生态环境，但我们不能再走原来的先污染再治理的老路。因此，教育、医疗、生态环境保护具有长期性，政府一定要有耐心，做好打持久战的准备，逐步增加投入，杜绝短视行为，不能急于求成。

（三）产业扶贫不得盲目扩大生产规模

近年来，在发展特色产业扶贫方面，人们通常只注重生产，忽视市场，盲目扩大生产规模，许多地区纷纷出现了农产品销售困难的问题，农户最后被迫销毁农产品，这不仅造成了巨大的浪费，也引发了贫困群众对扶贫工作的不满。因为农业天生的弱质性，农产品不仅面临着各种自然风险，也面临着巨大的市场风险。盲目的扩大生产规模，加上种植结构单一，导致一旦发生不利于该产品生产的自然灾害，农户就将颗粒无收，立马陷入绝境；而产出大幅增加时，市场销路不好，农户农产品不能在商品市场实现价值，农户没有收入，也无法满足自己对其他商品的需求，因此农户多样化的种植，一定程度上实现自给自足，在规避农产品市场风险上具有重要的意义。政府在扶持产业扶贫的时候，要分类处理，重点关注市场，减少对农户生产的干预。

（四）充分保障贫困群体的利益

扶贫资源投入贫困地区，但不同人群捕获扶贫资源的能力不同，贫困人群受健康、教育等各种因素的影响，难以捕获扶贫资源，导致贫困地区贫富差距更大，有可能引发贫困群众的不满，影响社会稳定，因此采取有力措施确实保障贫困群体的利益十分重要，如保证贫困群众参与扶贫项目、重点考虑贫困群众的就业等就是很好的措施和办法。

（五）明确政府、社会和扶贫对象在扶贫中的作用

脱贫攻坚任重道远，单凭任何组织和个人的力量远远不够，因此政府需要充分发挥其主导作用，发动企业、组织和爱心人士各方面的力量来支持扶贫工作，同时也要调动贫困户的积极性，让贫困户积极参与到脱贫工作中。扶贫工作是政府义不容辞的责任，但切忌大包大揽、干预生产决策，政府应该把扶贫工作的重心放到管理和服务上，搞好基础设施建设和公共服务，把专业的事情交给专业的组织或机构，扶贫先扶志，让农户广泛地参与到扶贫工作中。

二、完善扶贫模式的路径

（一）特色产业扶贫

特色农业扶贫。滇桂边境地区由于特殊的自然资源和地理位置，有许多特色的农产品，但现在相对来说，发展特色农业生产容易，但市场风险大，因此滇桂边境地区在发展特色农业脱贫方面可以将已有的脱贫做法进行融合优化，重点开拓特色农产品市场。例如，“展销会+第一书记+特色产业+农户”，定期集中举办展销会，吸引多方客商参会，由第一书记在展销会上展示推介特色农产品，扩大农产品销路，锁定市场，降低市场风险；“滇沪、桂粤协作+百企联百村+特色产业+农户”，充分利用上海和广东广阔的市场条件，通过双方政府牵头，鼓励上海和广东的企业到云南和广西进行采购，形成相对稳定的供销渠道，规避市场风险。

特色旅游业扶贫。滇桂边境地区具有丰富的自然资源和人文资源，发展特色旅游业是脱贫致富的好门路，将政府、企业和农户三者相结合，共同打造新型旅游扶贫模式。政府要充分把握自己的角色，重在管理和服务，加大财政投入，改善交通等基础设施，加大对危房的改造力度，综合治理农村环境，为发展旅游业提供过硬的基础条件；做好旅游从业人员的培训，尤其要注重吸纳贫困人员进行培训，为旅游业的发展做好人才储备；多利用媒体资源进行宣传，打造当地旅游品牌，吸引游客。引入旅游企业，将旅游资源开发交给更专业的旅游开发企业来进行规划、开发和运作，规划建设集餐饮、住宿、购物、娱乐于一体的旅游区，在政府的监督和管理下，旅游企业优先接纳贫困村民实现就业，保障村民应得的利益。农户积极参与到旅游脱贫工作中，农户可以以土地或其他资源实现旅游项目入股，按股份实现收益分红，农户可以到旅游企业就业，获取相应的收入，可以发展民宿、农家餐饮等项目，也可以依托景区游客资源销售自己生产的农特产

品或手工产品，增加收入。在发展旅游脱贫时，特别要注意对资源环境承载能力进行科学评估，不要过度开发，破坏生态，要充分利用原地原貌，保持地方应有的特色，与环境融为一体、自然和谐；此外，要对发展旅游导致的外来废弃物和污染物增加有预见性，提前做好准备进行应对。

特色边境贸易扶贫。滇桂边境贸易发展态势总体向好，尤其是边民互市贸易增长更是突出，边境贸易的发展为边民提供了很多就业机会，为促进贫困户更好地利用边境贸易实现脱贫，崇左市利用边境贸易脱贫的经验值得借鉴和推广，以“党支部+企业+合作社+农户”的模式带动贫困户致富。政府的主要任务是做好道路、港口基础设施建设，为边民提供小额信贷等金融支持，鼓励农户参与边民互市贸易。引进边贸产品加工企业入驻，吸纳边民就业，以党支部为依托，建立合作社，吸引农户加入成为社员，增加就业，重点向贫困户倾斜。

（二）教育扶贫

教育扶贫投入大、见效慢，但事关长远的根本利益，需要政府、社会和个人共同努力，完善教育脱贫模式。政府需要进一步加大投入，建设和改造校舍和宿舍，保障教学设施供应，提高贫困地区教师待遇，为贫困户提供助学政策和帮扶资金，杜绝贫困人口因贫失学。充分利用省际对口帮扶，借助发达地区的力量帮助提高师资水平和教育水平。对贫困户进行建档立卡，干部帮扶贫困户子女接受教育，建立贫困生资助管理信息系统，目前主要是对基础教育、高等教育和职业教育领域进行帮扶，从滇桂边境地区的教育扶贫实践来看，滇桂边境地区的学前教育资源严重不足，在年轻人外出打工，留守儿童越来越普遍的情况下，爷爷辈在带孙子的过程中，其教育理念早已经跟不上时代，有必要让留守儿童能有更多的机会接受较好的学前教育。当前的教育扶贫注重对学费的帮扶，对贫困户子女毕业后的就业帮扶相对较少，在经济不景气、大学生就业难的背景下，贫困地区贫困户子女即使在接受高等教育后，因为自身能力问题、社会资源不足等原因，贫困户子女就业更困难，因此在教育扶贫中要采取更加有力的措施保障贫困户子女就业。

（三）健康扶贫

完善健康扶贫模式主要从以下几个方面出发：第一，政府加大财政投入与管理。政府加大财政投入，进一步完善实施“六位一体”的健康减贫工程，即“基本医疗+大病保险+商业健康保险+临时救济+慈善救助+医疗救助”，提高医疗保险覆盖面，提高医疗保障水平；此外，政府要加强，对医疗机构的管理，让贫困人口承担适当比例的医疗费用，防止滥用健康扶贫资源导致资源浪费、错配。

第二，加强医疗卫生基础设施建设。对县、乡、村三级医院进行标准化建设，保障医疗用房及设施配备，为提高医疗水平打好基础。第三，将贫困地区医院与三甲医院对接。由三甲医院为县级以下医院提供医疗帮助，为下级医院定向培养人才，确实提高贫困地区医疗卫生的软实力，让基层老百姓普通病情能实现足不出县、乡、村，能方便解决一般的医疗问题。第四，注重人才培养，提高人才待遇。为贫困地区医护人员提供更多的培养、进修及晋升机会，适当提高在贫困地区从事医疗卫生工作人员的待遇，让他们能安心在贫困地区工作。第五，建立健康扶贫大数据平台。构建政府、企业或组织、个人共享的健康扶贫大数据平台，实现信息的及时共享，提高解决问题的精准性和效率；对某些地区发病率较高的病种进行预防和治疗相结合，实现医疗资源的充分利用。第六，大力进行健康教育。滇桂边境地区贫困农民缺乏健康的自我保护意识和自我保护能力，某些生活方式不健康、劳动和生活过程中不懂得对自己进行有效保护，因此有必要进行健康知识的广泛宣传，推广健康的生活方式，教育民众如何预防疾病，减少疾病的发生率。

(四) 生态扶贫与易地搬迁

在生态保护方面，单纯依靠生态补偿远远不够，目前滇桂边境地区的生态扶贫主要通过财政补贴实现退耕还林、还草，吸纳贫困户成员成为森林防护员，这需要大量的财政投入，政府财政负担很重且目前的补贴水平不高，导致贫困农户守着金山银山过苦日子，因此，政府需要在生态开发上多下功夫，广开财源，才能实现可持续发展。将生态保护与生态产业和生态旅游发展相结合，如在气候条件和森林资源丰富的地区发展养生森林公园，在人口老龄化的趋势下发展健康产业园，都是很好的选择。

在生态脆弱地区，或交通等公共设施铺设成本太高的地区，需要进行易地搬迁，鉴于许多山区平地少，难以找到合适的易地搬迁安置点，政府可以对地方的资源承载量进行测算，采取分类处置模式。对于因为戍边的需要而不能搬迁的农户，政府提供财政补贴，杜绝对资源的过度开发和利用，保障农户应有的生活水平；对于能找到合理安置地点的地区，对生态贫困农户实现易地搬迁；对于有搬迁需要、总体条件相对较好的地区来讲，可以采取补偿加鼓励的措施，补偿措施是保障农户的基本生活水平，鼓励措施是通过教育和培训，鼓励当地劳动力转移出来，到外地就业和生活，实现自然迁移。在易地搬迁工作中，考虑到搬迁农户要离开原来生活的地方，与原有的社会关系和生产资料割裂，要改变原有的生产和生活方式，以及需要面对迁入地居民的排斥，应尽量减少单个农户搬迁、分散安置的情况，尽量整村搬迁、集中安置，这样搬迁户还可以维持原来的社会关系，减少孤独感和被排斥感，更容易融入迁入地生活。

（五）互联网+

在互联网时代，充分利用互联网，将互联网与其他脱贫模式相结合，更好地实现脱贫。政府要加大投入，抓基础设施建设、物流服务及网点建设、示范网点建设、互联网及电商人才培养和农户互联网及电商知识培训，为发展互联网+打下坚实的基础。发展“互联网+特色农业”：利用互联网，发展电子商务，在网上进行品牌推广，实现线上销售与线下销售相结合。发展“互联网+特色旅游”：在网上进行旅游产品推广，吸引客源，实现网络预定和结算服务，既能满足客户的计划要求，也能让旅游地区根据预定安排好接待工作，提高服务质量和顾客体验，促进旅游业更好的发展。发展“互联网+教育”：利用互联网设施，大力发展远程教育能更方便快捷地利用先进的网络资源。发展“互联网+医疗”：利用互联网，实现远程诊断和远程业务学习，有利于节约费用和时间，让高端的医疗人才和服务能在互联网上实现下沉，提高基层医疗水平和服务。

第四节　本章小结

各种扶贫模式不是孤立存在的，而是彼此相互联系、共同作用的。面对复杂的致贫因素及机理，滇桂边境地区不断创新扶贫模式，取得了更好的扶贫效果。在财政扶贫模式方面，近些年，滇桂边境地区扶贫财政投入增加明显，但由于滇桂边境地区贫困面广、贫困程度深，现有的财政投入还远远不能满足脱贫的需要，有待持续追加投入；在产业扶贫模式方面，滇桂边境地区重点发展特色农业、特色旅游业特色边贸扶贫，但产业扶贫面临着重生产、轻市场、各地区产业同质化严重的问题；在易地搬迁扶贫模式方面，滇桂边境地区精准识别易地扶贫搬迁对象，采取集中安置和分散安置相结合的方式进行安置，取得了较好的扶贫效果，但也存在着扶贫投入和需求差距大，人地矛盾突出、实现充分就业比较困难，社区管理难度加大等问题；在教育扶贫模式方面，滇桂边境地区针对教育落后的突出情况，采取加强院校基础设施、普及义务教育、推广职业教育和培训，以及资助贫困生等多方面措施进行教育扶贫，提高人力资本，但滇桂边境地区教育扶贫虽然在数量上有所提高，但教育质量改善还远远不够，正式的学历教育和培训教育相比较，地方政府相对注重短期扶贫效果明显的培训教育；在医疗卫生扶贫模式方面，通过医院之间帮扶，提高县级医疗机构服务能力，给予贫困户更多的医疗保障和支持，因病致贫得到一定程度的遏制，但因病致贫的局面没有得到根本扭转；在生态扶贫模式方面，滇桂边境地区根据生态功能区划，加大对公益林补偿和管护资金及新一轮退耕还林还草补助力度，资金使用方面重点向贫困地区倾斜，优先实施贫困地区的水土流失治理，利用生态综合补偿和生态保护工程，设立生态公益岗位，吸纳“禁止开发区域”及周边有劳动能力的部分贫困人口转为护林员或其他生态保护人员；生态保护与生态开发并举，创造就业岗位，增加收入来源；在定点扶贫模式方面，组织领导干部职工挂片联县包村帮户，创新“第一书记产业联盟”模式，使其发展为依靠组织力量主导、发动企业等社会力量支持、鼓励贫困户参与相结合的定点扶贫模式，此模式也面临着帮扶干部脱离原来岗位影响其原本工作、扶贫对象“等、靠、要”等问题；在省际对口协作扶贫模式方面，广东、上海 20 多年来长期支持广西和云南的扶贫工作，在基础设施建设、产业建设、教育、医疗等领域均有所建树，为滇桂边境地区的脱贫事业做出了突出贡献；在整乡、整村推进模式方面，该模式对于自然条件约束明显的贫困地区的脱贫效果非常明显，该模式充分调动政府、社会和扶贫对象的积极性，将政府资源和各种社会资源整合起来，提高了扶贫资金的合力，提高了扶贫的瞄准性，减少了扶贫资源漫灌导致的“漏损”，但该模式对持续性投入有很强的依赖性且容易导致贫困村内贫困群体进一步分化；在电子商务扶贫模式方面，滇桂边境地区将互联网的概念和扶贫方式的创新相结合，构建“互联网+精准扶贫”新模式，宣传、推广、销售特色产品和旅游品牌产品，进一步拉近了贫困地区的生产与市场的距离，但该模式主要面临着宽带等基础设施建设不到位、电商人才缺乏、网络特色品牌建设不足等问题。

要进一步完善扶贫措施，必须要认识到各脱贫模式彼此相互关联，只有将各种扶贫模式进行综合利用，才能更好地为脱贫服务；教育脱贫和健康脱贫都投入大、见效慢，不可能一蹴而就，需要持续不断地投入，要有耐心做好长期扶贫攻坚的心理准备；在发展产业脱贫时，要改变当前只注重生产而忽视市场的做法，不要盲目扩大生产规模，多样化的种植、农户的自给自足在规避市场风险上具有重要的意义；在扶贫工作中，要特别注重对贫困群体的利益保障，要采取多种措施保障贫困群众的权利，让他们参与到脱贫工作中来，发挥主人翁精神；政府在扶贫工作中发挥主导作用，其重点应该放在管理和服务方面，减少对生产决策的干预。

第六章　可持续多维减贫的障碍及对策

第一节　可持续多维减贫的障碍

一、可持续脱贫任重道远

经过多年的扶贫开发，滇桂边境地区的扶贫也取得了许多成效。经济增长迅速，居民收入水平提高，贫困发生率大大降低，贫困人口明显减少。但滇桂边境地区依然面临着贫困面大、贫困程度深、贫困分布集中与分散并存、贫困民族化特征明显和贫困脆弱性强的局面，因此滇桂边境地区反贫困任务重，短期内不可能一蹴而就，滇桂边境地区扶贫工作任重道远，要做好长期应战的心理准备，培养长期、持久的脱贫能力需要有耐心。

截至2016年年底，全国的农村贫困发生率为4.5%，滇桂边境地区除了防城港市和西双版纳州的贫困发生率低于全国的贫困发生率外，其他地区贫困发生率均高于全国贫困发生率，尤其是普洱市、红河州、怒江州、百色市和崇左市的贫困发生率远超过10%，尤其是怒江州，贫困发生率为38.24%。因此，滇桂边境地区贫困面大，贫困地区主要集中在滇西边境山区和滇桂黔石漠化区域，具体来说主要集中在深山区、高寒山区、石漠化区域、边境地区，具有典型的集中分布的特点，与此同时，滇桂边境地区经济发展较好的区域也存在着零星分布的贫困县或贫困村，因此滇桂边境地区的贫困分布具有集中与分散并存的特点。滇桂边境地区是少数民族人口集中的区域，其贫困区域与少数民族聚居区高度重合，尤其是在直过民族区域或人口较少民族所在区域，整个直过民族区域或人口较少民族集中区域贫困情况异常突出，因此滇桂边境地区的贫困有明显的民族化特征。由于政府财政的大力投入和外界的大力干预，滇桂边境地区贫困状况有很大改观，但由于滇桂边境地区致贫原因特殊且复杂，因灾、因病、因学、因毒返贫现象突出，短期内难以培养持续的脱贫能力，贫困脆弱性强，返贫率高。

从人均GDP和农村居民人均收入来看，滇桂边境地区与全国平均水平有很大的差距，由于经济规模小、收入低，地方政府财政自给率低，贫困面大；从基础设施和生产生活条件看，铁路、公路、乡村公路人均拥有量均低于全国平均水平，尤其云南省更为突出，其高等级公路太少，运输效率低下，总体来说基础设施严重不足、生产生活条件差；从产业结构来看，滇桂边境地区三次产业结构不合理，第一产业比例较高，由于农业天生的弱质性，农村居民收入增长乏力；从教育和医疗来看，滇桂边境地区教育水平总体低下，接受高等教育的人口比例很低，绝大多数人口受教育水平为小学和初中水平，文盲比例较高，尤其是云南边境地区的直过民族地区，文盲率超过 50%，除了受教育水平总体较低以外，教育条件和教育质量均比较差，在城镇化进程下，农村学校大量撤并，山区孩子上学难，许多孩子面临辍学危险。就医疗方面来说，云南、广西和全国每千农村人口卫生技术人员落后于全国平均水平，每千农村人口医疗卫生机构床位数和每千农村人口乡镇卫生院床位数与全国平均水平不相上下，但从质量上来说，许多基层医疗机构缺医少药，医疗技术、设备和人才匮乏，民众持续脱贫能力受阻；从脱贫需求与扶贫投入来看，现有投入明显不能满足脱贫的需要，政府财政投入资金有限，特别是州县财政投入不足，加之贫困村集体经济薄弱，群众自筹能力低，缺乏持续发展的能力。

二、可持续脱贫面临返贫风险大

滇桂边境地区的贫困成因既有一般贫困地区的共性，也有滇桂边境地区贫困的特殊性。主要有以下几个方面的成因：一是自然环境差，生产生活条件恶劣。滇桂边境地区大多数都是山区、石漠化区，山高坡陡，交通不便，人均土地资源匮乏，自然灾害频发，云南西部边境地区旱季雨季分明，暴雨、泥石流、地震时有发生；滇桂交界边境地带石漠化区域储水困难，下雨则涝、天晴则旱，农业生产望天收居多，土地地块零碎分散，耕作成本高，人均耕地面积很少，产出有限；广西东部边境地区常年遭受台风的威胁。二是边境地理位置特殊，基础设施薄弱，滇桂边境地区地处中国西南边境，距离较发达的中东部或重要城市距离较远且多为山区，山高坡陡，地质灾害频发，修建基础设施成本高，历史欠账多，交通不便，运输成本高，与外界交流相对困难，环境相对封闭落后。三是农业产业脆弱，农民增收困难，滇桂边境地区三次产业结构中，农业产业结构比例相对较高，农业收入是农民收入的重要来源之一，农业风险高、产业附加值低，农民单纯依靠农业很难增收。四是边境因素影响特殊，滇桂边境地区与缅甸、老挝和越南接壤，周边国家的政局和与中国的关系直接影响着滇桂边境地区居民的生产和生活，如缅甸北部地方武装力量经常发生冲突，云南边境地区也经常被波及，双边经济和贸易也经常受到影响，影响边民的收入；滇桂边境地区流动人口多，社会管理难度高，毒品和艾滋病威胁大，脱贫致富困难。滇桂边境地区有大量的直过民族存在，由于历史的原因，居民文化水平低，文盲大量存在，社会发育程度低、市场意识薄弱，脱贫任务重且历时可能相当长。

三、可持续脱贫缺乏长效机制

滇桂边境地区加大扶贫政策力度，不断创新扶贫模式，在短期内取得了很好的扶贫效果，但现有的扶贫政策及模式存在许多不足，缺乏长效机制，脱贫人口返贫可能性较大。现有财政扶贫模式面临政府财政压力大、投入不足和资金利用率不高的问题；现有产业扶贫模式普遍存在重视生产、轻视市场的倾向，产业扶贫中不同群体获取扶贫资源能力不同，导致贫富差距进一步加大，有些地方产业开发过度，生态环境面临巨大压力；现有教育扶贫模式总体投入不足，教育水平不高，因教育扶贫投入大、见效慢，地方政府长期投入动力不足；现有健康扶贫模式依然无法改变城乡医疗资源严重不均，有的贫困户享受完全免费医疗，导致有限的医疗资源错配和浪费；现有生态扶贫模式也存在投入大、见效慢的问题，地方政府缺乏投入动力；现有电商扶贫模式存在网络等基础设施严重不足、人才匮乏和品牌建设不足等瓶颈；现有社会扶贫模式中定点帮扶人员负担重，帮扶对象容易滋生“等、靠、要”懒惰思想；现有整村推进扶贫模式对外界投入依耐程度高；现有扶贫到户模式依然存在贫困户识别、退出不科学的问题。要实现可持续、稳定脱贫有待建立脱贫长效机制，防止脱贫人口返贫，方能巩固现有脱贫成果。

第二节　可持续多维减贫的对策

一、优化扶持政策，促进区域发展

（一）兴边富民政策覆盖面由县扩大到地市州

通过近 20 年的“兴边富民行动”，中国边疆的贫困状况得到大大改善，以广西为例，通过“兴边富民行动”计划，沿边公路的开通为广西边境地区的发展带来了翻天覆地的变化。从本次调研的防城区、凭祥市、梁河县的情况来看，防城区和凭祥市是有边境线的边境县，梁河县是没有边境线的边境县，防城区和凭祥市可以享受“兴边富民行动”计划的待遇，边境线 3 km 以内的边民均可以享受边民补贴，且边境地区往往边境贸易比较发达，能与越南和缅甸互通有无，一线边境县的农户有更多的工作机会，收入更高，生活成本相对比较低，有更好的发展机会。对于梁河县来说，梁河县由于没有边境线，相对来说地处内陆，不能享受“兴边富民行动”计划的待遇，农户的收入来源更多地来源于农业，工作机会比较少，外出打工和谋生的成本更高，贫困问题更加突出。

为了边疆的进一步稳固，“兴边富民行动”计划需要进一步实施下去，但有必要基于“大边疆”的视野，促进形成区域扶贫开发均衡格局。一线边境县比二线边境县的经济状况更好，在以后的扶贫开发中，更要关注二线边境地区的贫困状况，将“兴边富民行动”计划实施范围从目前有边境线的边境县扩大到边境州，赋予边境州更多的资金利用能力和灵活性，使其可以根据本州的实际情况统筹安排，在提高一线边境地区的辐射能力的同时，能促进区域扶贫开发均衡格局的形成，如果一线边境地区受到战争和局部冲突的威胁，二线边境地区能成为有效的缓冲区，让二线边境地区能成为一线边境地区的后盾和保障，让一线边境地区成为带动二线边境地区发展的龙头，两者相互呼应，互动协调发展。

（二）促进人口较少民族发展

精准扶贫，不让一个民族掉队，实现全民族共同富裕。滇桂边境地区分布着许多人口较少民族，如云南边境的德昂族、阿昌族等，由于自然、政治、历史等多方面原因，中国大多数人口较少民族生活在较为落后和封闭的地区，生活方式比较原始，物质和精神方面都比较贫穷落后，促进滇桂边境地区人口较少民族发展，让他们能在边境一线安居乐业，坚守祖国边疆，这与全国各族人民的根本利益是一致的。具体需要在财政、投资、金融、产业、土地、社会、环境、人才等方面采取有力政策措施强化支持，促进民族特色优势产业振兴、生态保护与生态开发相结合，保障少数民族合法权益，实现人口较少民族同步奔小康，促进民族团结，确保国家长治久安。

二、确立多维贫困新标准，深化推进精准扶贫

随着社会经济的发展，人们的需求更加多元化，收入只是贫困表现的一个方面，不能再采用单一的收入贫困线作为贫困标准进行扶贫工作，应该借鉴多维贫困的理论，将收入、教育、健康、住房、饮用水等方面加以细化，进行合理的评估，将收入贫困与多维贫困相结合，从多个维度进行扶贫，既改善人民现有的生

活水平，同时也提高其持续反贫困能力，降低返贫率，阻断贫困的代际传递。

精准识别扶贫对象，实事求是、因地制宜、分类指导，实施精准扶贫战略。当前中国的贫困群体区域性分布与插花式分布相结合，对于区域性分布，重点抓好集中连片特困区和扶贫工作重点县的扶贫开发工作，对于插花式分布要扶贫到村到户，对已经脱贫的县、村和农户进行摘帽，确保有进有出，实行动态管理。在现有的农村贫困户建档立卡的基础上进行动态管理，除了进行进入和退出的动态管理外，对每个贫困户每年的贫困改善情况和不足的方面进行动态管理，做到因户因时施策。当贫困户经过扶持达到脱贫标准后，鉴于滇桂边境地区农户贫困的脆弱性强，建议不要立即将其清除贫困户动态管理系统，建议对其多维脱贫状况进行评估，对其持续脱贫能力进行评估，做到“扶上马送一程”，提高其持续脱贫能力，降低返贫的概率。健全精准扶贫绩效考核和评价机制，对贫困县官员的年度考核不再以 GDP 为主，要将扶贫工作成绩、人民群众对工作的满意度和生态保护纳入考核体系。

三、加大财政投入，解决关键问题

鉴于滇桂边境地区，尤其是滇西边境山区贫困程度尤其深重，扶贫需求与扶贫资源矛盾突出，希望各级政府能进一步加大政府财政投入，重点用于以下几个方面。

一是改善边境地区的交通状况。滇桂边境地区铁路和高等级公路密度低，物流效率低，急切需要改善。“要想富，先修路”，广西边境地区的沿边公路为边境地区的经济发展带来了翻天覆地的变化，但目前已经年久失修，不能适应现代经济发展的需要，尤其是边境贸易和边境旅游休闲业的发展，有必要对其维修升级，也可以将广西沿边公路继续往云南边境地区延伸，促进滇桂边境地区的联合协调发展。

二是加大旧房、危房改造的力度。安居方能乐业，鉴于滇桂边境地区台风多发、雨季雨水集中、泥石流和地震频发的情况，针对居住条件相当恶劣的农户，进行大力的危房改造，提高房屋的抗灾性，由于住房改造需要大量的资金，目前危房改造成本远远超出危房改造补助的资金，贫困户根本无力承担，但随着生活水平的提高，贫困户危房改造的愿望很强烈，贫困户往往大力举债修建房屋，这就必然压缩其他生产性的投资，其未来就更容易重新陷入贫困，这就需要政府大力投入、多方筹措大量资金来进一步保障，并且引导其合理的建房消费。

三是加强农村安全饮用水保障和卫生设施建设。农村饮用水与农户贫困有密切的关联，缺乏安全饮用水，不仅影响正常生产活动，还直接关系到农户的身体健康，关系到长远的脱贫问题，有必要加大财政投入，保障农户安全饮用水；除此之外，农村厕所建设也直接关系到农户的生活质量和防范疾病的传播，需要加大投入，健全卫生设施。

四是推进农村互联网建设。滇桂边境地区农村互联网建设非常落后，需要加大对宽带设施的铺设、建设物流网点、建设示范店；除此之外还要加强互联网人才建设，培育农村电商组织，对农户培训普及互联网及电商知识。

五是加大教育、医疗、社会保障的投入。目前，滇桂边境地区教育和医疗设施不足且落后，教育和医疗水平不高，教育和医疗投入大、见效慢，但扶贫工作的关键就是扶人，教育和医疗直接关系到人口素质问题，需要持续不断地加大投入；对于缺乏劳动力的家庭，需要逐步提高社会保障水平。

六是生态移民搬迁。滇桂边境地区多高山，地质脆弱，同时也是许多大江大河的发源地，是重要的国际生态涵养区，不适于大规模过度开发，需要对现有生态资源进行有效的保护，且部分山区修路架桥的成本太过高昂，当地现有的资源不足以维持生存，针对此类地区的农户，采取生态移民搬迁的方式，为农户谋求长远的发展，易地搬迁所需的资金无疑也是相当巨大的，这均需各级政府加大投入。

七是继续发放边民生活补助，并保持补贴金额稳定增长。边境地区的人民为保卫边疆做出了特殊的贡献，同时也经受了巨大的战争创伤，边境地区的人民脱贫致富是中国稳定边疆的需要，也是中国长治久安的需要，有必要保障边境线0～3km范围内的符合条件的居民继续享受边民生活补助，并保持补贴金额的稳定增长。

八是提高边境工作者的待遇。滇桂边境地区贫困的一个重要原因是缺乏人才，吸引和留住人才也是“造血式”扶贫的必要条件之一。边境地区经济基础薄弱，基础设施落后，农民收入不高，在乡镇和农村工作的基层干部工作量大、待遇低，所以滇桂边境地区很难留住人才，但凡接受了高中及以上教育的年轻人，大多数都到东南沿海城市工作，当地人才相当匮乏。边境地区的工作者工资待遇低，但边境地区山高路远，农户分散，工作任务重，物质和文化生活均相对较差，建议对边境地区建制乡镇工作的国家公务员、教师、事业单位干部、职工和医务工作者设立边境工作津贴，提高村干部的待遇，留住人才。根据实际情况和需要，建一批廉租的周转房供乡镇干部、教师和医生使用，让边境工作者能够安心在边境工作，为边境地区人民脱贫致富贡献力量。

四、促进特色农业、边境旅游和边境贸易融合发展

增加收入是解决贫困问题的重要手段，发展产业、增强“造血”能力是根

本。滇桂边境地区由于独特的自然条件和人文资源，具备发展特色农业、边境旅游和边境贸易的良好条件，有必要采取措施促进特色农业、边境旅游和边境贸易的融合发展，带动农户生产和就业，促进农民增收。

（一）发展特色农业产业

首先，要转变思想意识，强化市场经济理念，立足解决大市场与小农户的矛盾，提高贫困农户的组织化程度，扶持龙头企业，大力探索“公司+农户”等新型模式；坚持市场导向和顺应民意，充分考虑农户的实际需求，扶贫决策权限下放，决策机制由自上而下转变为自上而下与自下而上相结合；把握市场信息化的趋势，整合相关部门的统计资源，实现网络互联互通、信息共享。总之，应在整个扶贫工作中贯穿市场意识和采用市场手段，政府决策也要遵循市场规律，将看得见的手与看不见的手相结合，增强扶贫工作的“造血”功能。

根据边境地区的地理环境和资源优势来安排产业，分区域连片发展种植业，发展规模化的养殖业，打造特色产业村或特色产业片。就防城区边境地区来说，边城区边境地区已经大力培植了“皇妃”贡橘、火龙果、金花茶、白油茶及小水体养育等一批优势产业，为边境地区群众脱贫致富打下了良好的基础，在此基础之上，利用政策，有针对性地吸引和扶持相应的公司投资，进一步推进农业产业化，拉长产业链条，提高特色优势农产品的附加值，走“扶强企业建龙头、龙头带动兴产业、产业带动贫困户”的路子，推行“公司+基地+农户”的模式，将分散经营的农户通过这种模式集中起来，构成一个有机整体，共同面对大市场，抵御市场风险。

（二）发展边境旅游业

滇桂边境地区多山，多自然灾害，是许多大江大河的发源地，不能进行过度的开发，否则将严重破坏生态环境。但滇桂边境地区的旅游资源优势让发展边境旅游业成为不二的选择。将边境地区独特的自然景观与少数民族独特文化相结合，进行合理的开发，实现边境旅游业的可持续发展。往西延伸广西沿边公路，打造“滇桂边境旅游带”。广西边境地区由于交通不便等多种原因，旅游资源难以开发和利用，沿边公路的开通，为广西边境旅游带来了良机，应该延伸广西沿边公路贯穿云南边境地区，充分利用沿边公路，对沿边公路进行升级改造，提高边境地区的可进入性，对沿边公路周围的旅游资源进行合理的开发，沿边公路就如同一根线将边境地区的旅游珍珠串联起来，打造“滇桂边境旅游带”，拉长旅游线路，吸引游客。同时与边境邻国进行广泛的国际合作，建设国际旅游合作区。

（三）发展边境贸易

边境贸易的发展促进了边境地区经济和社会的全面发展。为边境贸易创造条件、促进边境贸易发展。中国-东盟自由贸易区的成立，削弱了边境贸易的优势，边贸不会成为外贸的主要部分，但边贸依然非常重要，应该为边境贸易创造条件，促进边境贸易的发展。加大投入，加强边境口岸的基础设施建设，由于地方财政困难，中国可以参照越南口岸建设政策，将口岸关税收入的一定比例留存给地方用于边境口岸建设；放宽边境贸易相关政策，充分利用中国-东盟自由贸易区的平台，推进滇桂边境贸易发展，创造条件，采取多种措施鼓励边民参与边境贸易。

五、加强教育培训，提升可持续脱贫内生动力

发展教育不是一朝一夕的事，对长期脱贫具有重要的意义，针对滇桂边境地区农村教育落后、农户受教育水平低的现实，有必要坚持长期多层次投入，建立幼儿教育、义务教育、高等教育和培训教育的完善体系，提高教育水平，提升可持续脱贫内生动力。

在幼儿教育方面，滇桂边境地区幼儿入园率较低，在有可能的情况下，增加幼儿园投入，提高幼儿入园率，从小培养幼儿的良好习惯和学习意识。在义务教育方面，要尽全力保障义务教育，随着城镇化的进程，农村人口大规模进入城市，农村学校学生人数急剧减少，农村小学大规模撤并。根据在防城区那良镇的调查，小学生上学距离很远，山高路远，没有校车，住宿条件远远满足不了需要，如果要坚持上学，学生家长每天要花很多时间和精力接送孩子上学，家庭贫困者更加困难，这也造成适龄儿童厌学辍学。因此，在撤点并校在边境地区，应该加大对教育的投入，尤其是九年义务教育的基础投入，多建立寄宿制学校、配备足够的师资力量，提高教师待遇，保障边境地区的适龄孩童能享受保质保量的九年义务教育。除了增加投入外，边境地区学校撤并应谨慎，对于学生人数较多且较为集中的村落，应尽量保障小学低年级的完整教育，对于学生较少且较分散的村落，尽量建立寄宿制小学，保障偏远地区的学生能够住宿读书，对于暂时没有条件建立宿舍或者建宿舍不划算的地方，应该为当地学生配备校车，统一集中接送，降低当地孩子上学的成本，提高学生入学率。在高等教育方面，滇桂边境地区受高等教育人口较少，近些年来，许多家庭因学致贫，需要对贫困地区贫困家庭的大学生给予适当的资助，针对大学生就业难的问题，还应该在就业方面对贫困地区贫困学生采取更多的帮扶措施。在培训教育方面，重点抓好劳动力转移

培训，结合就业形势和产业发展，坚持引导性培训和技能培训并重，坚持就近就地转移和输出并重的原则，切实提高培训质量和转移就业效果。

六、构建防返贫风险防控体系，巩固可持续脱贫成果

滇桂边境地区农村因病致贫现象突出，一般农民没有体检和疾病预防的意识，小病拖、大病扛，等病情发展到严重地步通常给农民身体带来严重危害，医疗费用支出惊人，要改变因病致贫的现象，需要树立以疾病预防为主的意识，多方面采取措施应对，构建防返贫风险防控体系，巩固可持续脱贫成果。一是提高滇桂边境地区的医疗水平，加大投入，对县级及以下医院进行标准化建设，提高硬件设施水平，更要加大人才培养力度，委托发达地区实力强的医院对滇桂边境地区定向培养医疗人才，提高医疗人员待遇，上级医院和下级医院建立密切联系，支援下级医院。加快互联网建设和健康扶贫平台建设，实现医院之间网络互联、数据共享，开展远程诊断，节约医疗的人力成本和时间成本，一定程度上解决看病难、看病贵的问题，缓解因病致贫。二是通过数据建设，及时监测地方主要病种分布，积极开展预防工作，尽量防患于未然。三是健全农村合作医疗保障机制，完善农村新农合医疗保险制度。因病致贫情况相当突出，重病不仅需要花费巨额的医疗费，而且患病者丧失劳动能力，缺乏后续收入来源，还有许多慢性病，虽然不需要住院治疗，但需要长期服药治病，经济压力相当大。有必要加快推出大病医疗保险，扩大大病保险覆盖面，健全农村合作医疗保障机制，完善农村新农合医疗保障制度，全面改善因病致贫的情况。四是进一步完善农村人口最低生活保障制度，对于丧失劳动能力、老弱病残等弱势贫困家庭，因为其缺乏劳动能力，许多生产性的脱贫措施对其帮助不大，应该给予最低生活保障，由社会兜底。五是完善救济制度，对于因病和因灾等导致的临时性贫困，应及时给予救助，提高贫困对象的自救能力。六是大力进行健康教育，滇桂边境地区贫困农民缺乏健康的自我保护意识、某些生活方式不健康、劳动和生活过程中缺乏自我保护能力，因此有必要进行健康知识的广泛宣传，推广健康的生活方式，教育民众如何预防疾病，减少疾病的发生率。

七、开发与保护相结合，推动产业生态化和生态产业化

滇桂边境地区是重要的国际生态涵养区，滇桂边境地区的生态保护，不仅关系到中国滇桂边境地区人民的生产生活，更是关系到邻国的政治和经济关系。鉴于脆弱的生态环境，盲目的大规模经济开发，必然导致环境破坏，无法实现可持

续发展，因此滇桂边境民族地区必须注重开发与保护相结合，推动产业生态化和生态产业化。

要实现可持续发展，有必要通过退耕还林还草保护植被，减轻环境负荷，对于生存条件恶劣、生活成本太高、自然灾害频发的地区，要进行有组织有规模的搬迁，对于因为戍边需要而不能搬迁的民众，要有稳定的财政投入，通过财政转移支付保障这部分人群的生活，解除其后顾之忧。在产业发展选择上，“靠山吃山、靠水吃水”，可以充分利用丰富的森林资源和当地特色民族文化资源，大力发展污染和生态环境破坏较小的旅游业，如打造生态健康旅游、生态健康养生、生态健康休闲、生态健康养老等新型业态，大力发展民宿和特色乡村旅游，实现人与自然的协调发展。

八、加强边境管理与服务，创建良好的边境环境

（一）跨境婚姻由管理转向管理与服务相结合

从调研情况来看，滇桂边境跨境婚姻越来越多。鉴于大量跨境婚姻已成为事实婚姻，政府对跨境婚姻的管理有必要转向管理与服务相结合。例如，可以参照德宏州首创的边民入境通婚备案登记制度并加以推广，保障跨境婚姻人口及其子女相应的权利。课题组在德宏州调查了解到，入境通婚边民只要在政府相关部门进行登记，除了享有以上权利外，还享有农村合作医疗保障，这对于因病致贫很普遍的贫困地区的农户来说，是一个相当有力的保障。德宏州对于跨境婚姻的管理与服务办法值得借鉴和推广，希望能普及到更多的边境地区，为边境地区的脱贫致富和长期发展奠定基础。

（二）严厉打击吸毒贩毒、加强预防艾滋病的工作

吸毒、贩毒、艾滋病对一个家庭带来的影响是灾难性的，对周围的人也是巨大的潜在或现实威胁，是造成边境地区贫困的一个重要原因。政府除了严厉打击吸毒贩毒犯罪外，更要加大投入，加强对边境地区的管理和监察，加强毒品和艾滋病的相关教育和宣传，提高群众对毒品和艾滋病的认知水平，发动群众，全民参与监督和防范，加强国际合作，控制毒品和艾滋病蔓延的势头，创造良好的边境环境，让人民能够更好地安居乐业巩固边防。

参 考 文 献

阿尔基尔，等. 2010. 贫困的缺失维度. 刘民权，韩华为，译. 北京：科学出版社.

庇古. 2017. 福利经济学. 金镝，译. 北京：华夏出版社.

茶洪旺. 2012. 发展中的贫困问题研究——基于云南少数民族地区案例分析. 云南民族大学学报（哲学社会科学版），29（1）：104-110.

陈光燕，司伟. 2018. 民族地区贫困农户多维贫困测量与帮扶精准度研究. 中国农业大学学报，23（7）：192-204.

陈辉，张全红. 2013. Alkire-Foster 模型测度城市多维贫困的研究——以广东省中山市为例. 五邑大学学报（自然科学版），27（2）：32-36.

陈纪. 2014. 少数民族流动人口问题：社会排斥的视角. 云南民族大学学报（哲学社会科学版），31（1）：83-88.

陈立中. 2008. 转型时期我国城镇贫困变化趋势及其影响因素. 中国经济特区研究，（1）：61-79.

陈心想. 2019. "行动伦理"概念的中国元素——兼评周飞舟社会学中国化的路径. 社会学评论，7（1）：87-96.

陈烨烽，王艳慧，王小林. 2016. 中国贫困村测度与空间分布特征分析. 地理研究，35（12）：2298-2308.

陈中伟. 2017. 论民族地区精准扶贫目标瞄准机制构建. 广西民族研究，（6）：166-172.

程浩然. 2012. 云南边境地区县域经济发展的对策——基于制度变迁、资源配置和人口的因素. 当代经济，（11）：88-89.

方迎风. 2012. 中国贫困的多维测度. 当代经济科学，34（4）：7-15.

冯贺霞，高睿，韦轲. 2017. 贫困地区儿童多维贫困分析——以内蒙古、新疆、甘肃、广西、四川五省区为例. 山西农业大学学报（社会科学版），16（6）：42-48.

冯贺霞，王小林，夏庆杰. 2015. 收入贫困与多维贫困关系分析. 劳动经济研究，3（6）：38-58.

高明. 2018. 什么样的农户更容易贫困——家庭结构视角下的多维贫困精准识别研究. 现代经济探讨，（2）：100-107.

高帅，毕洁颖. 2016. 农村人口动态多维贫困：状态持续与转变. 中国人口·资源与环境，26（2）：76-83.

高翔，王三秀. 2017. 农村老年多维贫困的精准测量与影响因素分析. 宏观质量研究，5（2）：61-71.

高艳云. 2012. 中国城乡多维贫困的测度及比较. 统计研究，29（11）：61-66.

关信平 . 1999. 论市场经济条件下社会保障对分配制度的影响 . 南开大学法政学院学术论丛，(1)：390-402.
郭建宇，吴国宝 . 2012. 基于不同指标及权重选择的多维贫困测量——以山西省贫困县为例 . 中国农村经济，(2)：12-20.
郭熙保，周强 . 2016. 长期多维贫困、不平等与致贫因素 . 经济研究，51（6）：143-156.
郭熙保，周强 . 2017. 中国农村代际多维贫困实证研究 . 中国人口科学，(4)：77-86.
郭晓明 . 2018. 缅北民地武问题影响下的中缅边境安全管理研究 . 昆明：云南大学 .
国家统计局 . 2016. 中国农村贫困监测报告 . 北京：中国统计出版社 .
贺立龙，左泽，罗樱浦 . 2016. 以多维度贫困测度法落实精准扶贫识别与施策——对贵州省 50 个贫困县的考察 . 经济纵横，(7)：47-52.
侯卉，王娜，王丹青 . 2012. 中国城镇多维贫困的测度 . 城市发展研究，19（12）：123-128.
侯亚景，周云波 . 2017. 收入贫困与多维贫困视角下中国农村家庭致贫机理研究 . 当代经济科学，39（2）：116-123.
侯亚景 . 2017. 中国农村长期多维贫困的测量、分解与影响因素分析 . 统计研究，34（11）：86-97.
黄必超 . 2005. 广西边境地区初中生辍学原因的贫困文化分析 . 南宁师范高等专科学校学报，22（4）：8-10.
蒋满元 . 2008. 广西边境旅游发展中存在的问题分析及对策探讨 . 旅游论坛，1（1）：86-89.
金香 . 2009. 借鉴越南边境政策，加大我国边境贫困地区的政策扶持力度——以广西壮族自治区龙州县为中心的考察 . 中国社会科学院党校第 33 期进修班中国社会科学院党校办公室赴广西壮族自治区边境地区国情调研文集（第 6 集）：95-104.
阚丽萍 . 2003. 扶贫政策与贫困地区经济发展模式选择 . 广西社会科学，(7)：78-80.
李飞 . 2012. 多维贫困测量的概念、方法和实证分析——基于我国 9 村调研数据的分析 . 广东农业科学，39（9）：203-206.
李国强，刘俊珂 . 2018. 广西边疆社会存在的现实问题及解决对策研究 . 云南师范大学学报（哲学社会科学版），50（1）：7-13.
李佳路 . 2010. 农户多维度贫困测量——以 S 省 30 个国家扶贫开发工作重点县为例 . 财贸经济，(10)：63-68.
李嘉图 . 2005. 政治经济学及税赋原理 . 周洁，译 . 北京：华夏出版社 .
李君，陈长瑶 . 2013. 区域环境对贫困农户自主发展能力的影响分析——基于云南省红河哈尼族彝族自治州贫困农户调查的实证分析 . 农村经济，(6)：71-75.
李俊杰，陈浩浩 . 2015. 民族地区扶贫开发的制约因素与基本思路 . 中南民族大学学报（人文社会科学版），35（6）：104-108.
李俊杰，李海鹏 . 2013. 民族地区农户多维贫困测量与扶贫政策创新研究——以湖北省长阳土家族自治县为例 . 中南民族大学学报（人文社会科学版），33（3）：127-132.
李晓明 . 2005. 我国山区少数民族农民贫困代际传递的基本特征 . 内蒙古社会科学（汉文版），26（6）：150-152.
李晓明 . 2006. 贫困代际传递理论述评 . 广西青年干部学院学报，16（2）：75-78，84.

李星伯，刘秀柱，李健. 2005. 马太效应与涓滴效应：一个收入差距演化的新格局. 当代经济研究，(8)：35-36.
李学术，徐天祥. 2006. 云南省少数民族贫困地区农户生态经济行为研究：现状与构想. 云南财经大学学报，22（5）：62-67.
梁树广，黄继忠. 2011. 基于贫困含义及测定的演进视角看我国的贫困. 云南财经大学学报，27（1）：55-61.
林彩云. 2017. 精准扶贫与农村贫困地区经贸的发展. 农业经济，(7)：42-44.
林红叶，李龙华. 2008. 云南边境地区贫困问题及其对策研究. 全国商情·经济理论研究，(9)：22-23.
刘朝明. 1998. 广西民族地区的贫困状况与反贫困战略. 广西社会科学，(3)：9-14.
刘建华. 2015. 维护边疆民族地区社会稳定的利益表达机制. 西南民族大学学报（人文社科版），36（8）：54-60.
刘林. 2016. 边境连片特困区多维贫困测算与空间分布——以新疆南疆三地州为例. 统计与信息论坛，31（1）：106-112.
刘伟，黎洁. 2014. 西部山区农户多维贫困测量——基于陕西安康市1404份问卷的调查. 农村经济，(5)：14-18.
刘文光. 2012. 我国人口较少民族反贫困面临的问题及对策——以云南边境地区人口较少民族为例. 黑龙江民族丛刊，(1)：64-69.
刘小珉. 2013. 民族视角下的农村居民贫困问题比较研究——以广西、贵州、湖南为例. 民族研究，(4)：37-49.
刘小珉. 2017. 多维贫困视角下的民族地区精准扶贫——基于CHES 2011数据的分析. 民族研究，(1)：36-46.
刘艳华，徐勇. 2015. 中国农村多维贫困地理识别及类型划分. 地理学报，70（6）：993-1007.
刘易斯. 2001. 桑切斯的孩子们：一个墨西哥家庭的自传. 李雪顺，译. 北京：上海译文出版社.
刘易斯. 2003. 贫困文化论. 北京：经济科学出版社.
罗晓珊，蔡广鹏，韩会庆，等. 2017. 喀斯特山区多维贫困度时空变化特征分析：以毕节市为例. 贵州师范大学学报（自然科学版），35（1）：8-14.
罗伊玲，刘亚彬. 2012. 云南怒江民族贫困地区的旅游模式探讨. 价值工程，31（28）：146-148.
马尔萨斯. 2008. 人口论. 郭大力，译. 北京：北京大学出版.
马剑平，卢钦. 2015. 民族旅游资源开发利用与贫困地区发展——以广西为例. 贵州民族研究，36（6）：148-152.
马小宁. 2012. 云南边境少数民族县域经济发展的制约因素及对策. 玉溪师范学院学报，28（11）：36-39.
马瑜，李政宵，马敏. 2016. 中国老年多维贫困的测度和致贫因素——基于社区和家庭的分层研究. 经济问题，(10)：27-33.

蒙神，黄金来 . 2004. 针对广西边境少数民族贫困县基础教育改革与发展的研究 . 广西右江民族师专学报，17（2）：102-104.
缪尔达尔 . 1994. 世界贫困的挑战：世界反贫困大纲 . 顾朝阳，等，译 . 北京：中国人民大学出版社 .
讷克斯 . 1966. 不发达国家的资本形成 . 谨斋，译 . 北京：商务印书馆 .
庞汉 . 2014. 加快广西扶贫生态移民对策研究 . 学术论坛，37（6）：145-149.
配第 . 2000. 赋税论 . 薛东阳，译 . 武汉：武汉大学出版社 .
曲玮，涂勤，牛叔文 . 2010. 贫困与地理环境关系的相关研究述评 . 甘肃社会科学，（1）：103-106.
森 . 2001. 贫困与饥荒——论权利与剥夺 . 王宇，王文玉，译 . 北京：商务印书馆 .
森 . 2005. 论社会排斥 . 王燕燕，摘译 . 经济社会体制比较，（3）：1-7
尚卫平，姚智谋 . 2005. 多维贫困测度方法研究 . 财经研究，31（12）：88-94.
邵志忠 . 2010. 从自然资源因素看红水河流域少数民族地区的贫困——广西红水河流域少数民族地区贫困因为研究之一 . 广西民族研究，（1）：172-178.
邵志忠 . 2011. 从人力资源因素看红水河流域少数民族地区的贫困——红水河流域少数民族地区贫困原因研究之三 . 广西民族研究，（2）：170-177.
沈娅莉 . 2012. 少数民族地区贫困循环的成因及对策研究——以云南为例 . 云南财经大学学报，28（4）：155-160.
石智雷，邹蔚然 . 2013. 库区农户的多维贫困及致贫机理分析 . 农业经济问题，34（6）：61-69，111.
史月兰，唐卞，俞洋 . 2014. 基于生计资本路径的贫困地区生计策略研究——广西凤山县四个可持续生计项目村的调查 . 改革与战略，30（4）：83-87.
世界银行 . 1983. 1981 年世界发展报告 . 《世界发展报告》翻译小组，译 . 北京：中国财政经济出版社 .
舒尔茨 . 2006. 改造传统农业 . 梁小民，译 . 北京：商务印书馆 .
宋才发，兰晓峰 . 2017. 民族地区精准脱贫方略及法治路径探讨 . 广西民族研究，（4）：152-157.
宋涛 . 2001. 兴边富民与广西边境少数民族的发展 . 桂海论丛，17（5）：61-64.
宋媛 . 2018. 云南省扶贫开发报告 . 新西部（上旬刊），（Z1）：114-131.
苏晓云 . 2012. 贫困地区农民合作经济组织实证研究——基于广西凤山县的调查与思考 . 毛泽东邓小平理论研究，（5）：88-94.
孙林，王艳慧，柯文俊，等 . 2016. 内蒙古自治区农村人口多维贫困特征测算与分析 . 人文地理，31（1）：108-115，146.
孙群力，朱良华 . 2017. 精准扶贫背景下财政专项扶贫资金的使用效率评价——基于广西 54 个贫困县的实证分析 . 经济研究参考，（41）：21-27.
孙秀玲，田国英，潘云，等 . 2012. 中国农村居民贫困测度研究——基于山西的调查分析 . 经济问题，（4）：79-84.
覃娟，梁艳鸿 . 2018. 广西脱贫攻坚发展报告 . 新西部（上旬刊），（Z1）：89-98.

汤夺先，王增武．2011．城市少数民族流动人口权利贫困问题论析．贵州民族研究，32（5）：10-17.
唐钧．2002．社会政策的基本目标：从克服贫困到消除社会排斥．江苏社会科学，（3）：41-47.
田宇，许建，麻学锋．2017．武陵山片区多维贫困度量及其空间表征．经济地理，37（1）：162-169.
汪三贵，张伟宾，陈虹妃，等．2012．少数民族贫困变动趋势、原因及对策．贵州社会科学，（12）：85-90.
汪三贵．2008．在发展中战胜贫困——对中国30年大规模减贫经验的总结与评价．管理世界，（11）：78-88.
王承武，马瑛，李玉．2016．西部民族地区资源开发利益分配政策研究．广西民族研究，（5）：165-173.
王春超，叶琴．2014．中国农民工多维贫困的演进——基于收入与教育维度的考察．经济研究，49（12）：159-174.
王敏，方铸，江淑斌．2016．精准扶贫视域下财政专项扶贫资金管理机制评估——基于云贵高原4个贫困县的调研分析．贵州社会科学，（10）：12-17.
王茹，周璇，杨松柳，等．2017．西藏县域多维贫困度测定及贫困空间分布特征研究．西藏研究，（1）：60-70.
王素霞，王小林．2013．中国多维贫困测量．中国农业大学学报（社会科学版），30（2）：129-136.
王小林，Sabina Alkire．2009．中国多维贫困测量：估计和政策含义．中国农村经济，（12）：4-10，23.
王小林．2012．贫困标准及全球贫困状况．经济研究参考，（55）：41-50.
王小林．2017．贫困测量：理论与方法．2版，北京：社会科学文献出版社．
王小林．2018．改革开放40年：全球贫困治理视角下的中国实践．社会科学战线，（5）：17-26.
王晓旭．2016．2000～2015年贫困与反贫困研究知识图谱．广西民族大学学报（哲学社会科学版），38（5）：155-160.
韦晓英，卢兆龙．2011．百色连片贫困区开发对策研究．沿海企业与科技，（5）：69-72.
吴海涛，侯宇，曾燕芳．2013．多维贫困视角下农村家庭性别贫困度量．统计与决策，（20）：27-29.
吴胜泽．2012．能力贫困理论与广西国定贫困县多维贫困估计．经济研究参考，（65）：80-83，100.
夏军城．2009．中国和越南两国边境地区的民族扶贫政策研究．南宁：广西民族大学．
谢家智，车四方．2017．农村家庭多维贫困测度与分析．统计研究，34（9）：44-55.
熊光清．2008．欧洲的社会排斥理论与反社会排斥实践．国际论坛，（1）：14-18.
徐畅江．2006．约束与突破：云南边境民族贫困地区非公经济发展研究．今日民族，（9）：48-51.

徐文奇，周云波，平萍 . 2017. 多维视角下的中国贫困问题研究——基于 MPI 指数的比较静态分析 . 经济问题探索，(12)：31-41.
徐艺华 . 2018. 边境民族地区毒品问题的社会控制研究 . 昆明：云南财经大学 .
许汉泽，李小云 . 2016. “精准扶贫”的地方实践困境及乡土逻辑——以云南玉村实地调查为讨论中心 . 河北学刊，36（6）：184-188.
许汉泽，李小云 . 2018. 精准扶贫：理论基础、实践困境与路径选择——基于云南两大贫困县的调研 . 探索与争鸣，(2)：106-111.
杨瑚 . 2017. 精准扶贫的贫困标准与对象瞄准研究 . 甘肃社会科学，(1)：95-100.
杨慧敏，罗庆，李小建，等 . 2016. 生态敏感区农户多维贫困测度及影响因素分析——以河南省淅川县 3 个村为例 . 经济地理，36（10）：137-144.
杨建，韩宗伟，张翊红 . 2016. 旅游精准扶贫的作用机理和推进策略 . 云南社会科学，（6）：52-56.
杨九迎 . 2016. 人口较少民族教育问题与教育扶贫——以云南为例 . 学术探索，(8)：146-150.
杨龙，汪三贵 . 2015. 贫困地区农户的多维贫困测量与分解——基于 2010 年中国农村贫困监测的农户数据 . 人口学刊，37（2）：15-25.
杨龙，吴本健 . 2017. 少数民族多维贫困及扶贫优先序研究——以彝、藏、苗、土家族为例 . 黑龙江民族丛刊，(4)：41-46.
杨龙，徐伍达，张伟宾，等 . 2014. 西藏作为特殊集中连片贫困区域的多维贫困测量——基于“一江两河”地区农户家计调查 . 西藏研究，(1)：69-77.
杨文哲 . 2010. 广西边境贸易现状、存在问题及发展对策 . 全国商情・理论研究，(8)：73-77.
杨云 . 2013. 云南边境民族地区扶贫开发诉求与回应 . 经济研究导刊，(30)：23-24.
叶慧，陈敏莉 . 2016. 边境地区贫困农户多维特征及致贫因素分析——基于广西崇左市贫困户调查数据 . 北方民族大学学报（哲学社会科学版），(4)：102-106.
叶慧，李俊杰 . 2016. 边境民族地区精准扶贫模式创新研究 . 当代农村财经，(5)：18-23.
尤佳 . 2012. 论流动穆斯林的宗教生活与城市社会适应：以东部沿海城市为例 . 世界宗教文化，(4)：78-85
张嘉斐，李俊杰 . 2014. 中越兴边富民政策比较研究——以龙州、东兴两地为例 . 云南民族大学学报（哲学社会科学版），31（4）：120-126.
张科静，王亚琦，吴海涛 . 2016. 我国农村女性受教育程度对儿童多维贫困的影响 . 开发研究，(1)：109-112.
张乐天，方煜星 . 2016. 文化脱贫：一个贫困治理中的难题 . 贵州民族大学学报（哲学社会科学版），(2)：50-55.
张丽君，董益铭，韩石 . 2015. 西部民族地区空间贫困陷阱分析 . 民族研究，(1)：25-35.
张淼 . 2017. 宗教因素对维吾尔族流动人口之影响的研究综述 . 世界宗教研究，(2)：180-185.
张庆红，阿迪力・努尔 . 2015. 新疆南疆三地州农村多维贫困程度及特征分析 . 干旱区资源与环境，29（11）：32-36.
张全红，周强，蒋赟 . 2014. 中国省份多维贫困的动态测度——以中国健康与营养调查中的 9 省为例 . 贵州财经大学学报，(1)：98-105.

张全红，周强 . 2015a. 中国农村多维贫困的动态变化：1991-2011. 财贸研究，26（6）：22-29.
张全红，周强 . 2015b. 中国贫困测度的多维方法和实证应用 . 中国软科学，（7）：29-41.
张淑芬 . 2008. 改变云南边境地区少数民族村寨贫困现状的思考——以德宏州潞西市三台山乡邦外村的调查为例 . 思想战线，（3）：4-6.
张童朝，颜廷武，何可，等 . 2016. 基于市场参与维度的农户多维贫困测量研究——以连片特困地区为例 . 中南财经政法大学学报，（3）：38-45.
张晓颖，冯贺霞，王小林 . 2016. 流动妇女多维贫困分析——基于北京市 451 名家政服务从业人员的调查 . 经济评论，（3）：95-107.
张秀艳，潘云 . 2017. 贫困理论与反贫困政策研究进展 . 经济问题，（3）：1-5.
张雪梅，李晶，李小云 . 2011. 妇女贫困：从农村到城乡，从收入贫困到多维贫困——2000 年以来中国“妇女贫困”研究评述与展望 . 妇女研究论丛，（5）：99-105.
赵玉亮，邓宏图 . 2009. 制度与贫困：以中国农村贫困的制度成因为例 . 经济科学，（1）：17-29.
郑长德，单德朋 . 2016. 集中连片特困地区多维贫困测度与时空演进 . 南开学报（哲学社会科学版），（3）：135-146.
周惠仙，秦成逊 . 2008. 云南少数民族地区扶贫途径研究 . 经济问题探索，（1）：71-75.
周强，张全红 . 2015. 中国东部地区家庭多维贫困的动态识别——以江苏省和山东省为例 . 青岛科技大学学报（社会科学版），31（2）：53-58.
朱梦冰，李实 . 2017. 精准扶贫重在精准识别贫困人口——农村低保政策的瞄准效果分析 . 中国社会科学，（9）：90-112.
朱士鹏 . 2009. 新时期我国边境地区的发展研究——以广西边境地区为例 . 许昌学院学报，28（2）：69-72.
庄天慧，陈光燕，蓝红星 . 2015. 精准扶贫主体行为逻辑与作用机制研究 . 广西民族研究，（6）：138-146.
邹薇，方迎风 . 2011. 关于中国贫困的动态多维度研究 . 中国人口科学，（6）：49-59.
邹薇，方迎风 . 2012. 怎样测度贫困：从单维到多维 . 国外社会科学，（2）：63-69.
Alkire S，Foster J. 2011. Counting and multidimensional poverty measurement. Journal of Public Economics，95（7-8）：476-487.
Alkire S，Roche J M，Vaz A. 2017. Changes over time in multidimensional poverty：Methodology and results for 34 countries. World Development，94：232-249.
Alkire S，Seth S. 2015. Multidimensional poverty reduction in India between 1999 and 2006：where and how? World Development，72：93-108.
Alkire S，Sumner A. 2013. Multidimensional poverty and the post-2015 MDGs. Development，56（1）：46-51.
Alkire S. 2002. Valuing Freedoms：Sen's Capability Approach and Poverty Reduction. New York：Oxford University Press.
Anupama U. 2015. Multidimensional poverty in India：has the growth been pro- poor on multiple dimensions? Indian Journal of Economics and Development，11（2）：457.

Asselin L M. 2009. Analysis of Multidimensional Poverty. New York: Springer .

Ayres C E, Myrdal G. 1971. The challenge of world poverty: A world anti- poverty program in outline. Political Science Quarterly, 86 (3): 549.

Baulch B, Hoddinott J. 2000. Economic mobility and poverty dynamics in developing countries. Journal of Development Studies, 36 (6): 1-24.

Blau P M, Duncan O D. 1967. The American Occupational Structure. New York: Wiley.

Bossert W, Chakravarty S R, D'Ambrosio C. 2013. Multidimensional poverty and material deprivation with discrete data. Review of Income & Wealth, 59 (1): 29-43.

Bourguignon F, Chakravarty S R. 2008. Multidimensional Poverty Orderings: Theory and Applications. Oxford: Oxford University Press.

Carter M R, Barrett C B. 2006. The economics of poverty traps and persistent poverty: An asset-based approach. Journal of Development Studies, 42 (2): 178-199.

Cavapozzi D, Han W, Miniaci R. 2015. Alternative weighting structures for multidimensional poverty assessment. Journal of Economic Inequality, 13 (3): 425-447.

Chakravarty S R, Deutsch J, Silber J. 2005. On the Watts Multidimensional Poverty Index and Its Decomposition. The Many Dimensions of Poverty International Conference, UNDP International Poverty Centre.

Chakravarty S R, Deutsch J, Silber J. 2008. On the Watts multidimensional poverty index and its decomposition. World Development, 36 (6): 1067-1077.

Chandrasekhar S, Mukhopadhyay A. 2007. Multidimensions of urban poverty: Evidence from India. Microeconomics Working Papers, 54 (2): 369-404.

Chen S H, Ravallion M. 2008. The developing world is poorer than we thought, but no less successful in the fight against poverty. Quarterly Journal of Economics, 125 (4): 1577-1625.

Chok S, MacBeth J, Warren C. 2007. Tourism as a tool for poverty alleviation: A critical analysis of "Pro- Poor Tourism" and implications for sustainability. Current Issues in Tourism, 10 (2-3): 144-165.

Dewilde C. 2008. Individual and institutional determinants of multidimensional poverty: A European comparison. Social Indicators Research, 86 (2): 233-256.

DollarD, Kraay A. 2001. Trade, growth, and poverty. Economic Journal, 114 (493): F22-F49.

Dutta-Gupta I, Grant K, Kerksick J, et al. 2018. Working to reduce poverty: A national subsidized employment proposal. The Russell Sage Foundation Journal of the Social Sciences, 4 (3): 64.

Elbers C, Fujii T, Lanjouw P, et al. 2007. Poverty alleviation through geographic targeting: How much does disaggregation help. Journal of Development Economics, 83 (1): 198-213.

EllisF, Mdoe N. 2003. Livelihoods and rural poverty reduction in Tanzania. World Development, 31 (8): 1367-1384.

Ferreira F, Lugo M A. 2012. Multidimensional poverty analysis: looking for a middle ground. Policy Research Working Paper, 28 (2): 220-235.

Foster J E, Greer J W, Thorbecke E. 1984. A class of decomposable poverty measures. Econometrica, 52 (3): 761-766.

Fuchs V. 1965. Towards a theory of poverty//Fuchs V. The Concept of Poverty. Washington, DC: The Chamber of Commerce of the United States.

Grindle M S. 2004. Good enough governance: Poverty reduction and reform in developing countries. Governance, 17 (4): 525-548.

Haveman R, Wolff E N. 2004. The concept and measurement of asset poverty: Levels, trends and composition for the U. S. , 1983-2001. Journal of Economic Inequality, 2 (2): 145-169.

Hossain M. 1988. Credit for alleviation of rural poverty: The Grameen Bank in Bangladesh. Research Reports Report of the International Food Policy Research Institute, 65 (3): 23-56.

Hulme D, Mosley P. 1996. Finance Against Poverty. Volume 1. London: Taylor & Francis Group.

Irz X, Lin L, Thirtle C, et al. 2001. Agricultural productivity growth and poverty alleviation. Development Policy Review, 19 (4): 449-466.

Jones S. 2013. Between the social and the spatial: Exploring the multiple dimensions of poverty and social exclusion. Housing Theory & Society, 30 (4): 433-435.

Kakwani N, Silber J. 2008. Introduction: multidimensional poverty analysis: Conceptual issues, empirical illustrations and policy implications. World Development, 36 (6): 987-991.

Kakwani N. 1980. On a class of poverty measures. Econometrica, 48 (2): 437-446.

Khandker S R. 2003. Microfinance and poverty: Evidence using panel data from Bangladesh. World Bank Economic Review, 19 (2): 263-286.

Lenior R. 1994, Lex Exclus: Un Francais sur dix, 2nd ed. Paris: Seuil.

Lewis O. 1959. Five Families: Mexican Case Studies in the Culture of Poverty. New York: Basic Books.

McLanahan S S, Booth K M. 1989. Mother-only families: Problems, prospects and politics. Journal of Marriage and the Family, 51 (3): 557-580.

Merz J, Rathjen T. 2014. Time and income poverty: An interdependent multidimensional poverty approach with German time use diary data. Review of Income & Wealth, 60 (3): 450-479.

Mesure H. 2008. Creating a world without poverty: Social business and the future of capitalism. Social Science Electronic Publishing, 45 (2): 209-210.

Michael R T, Atkinson A B, Betson D M, et al. 1997. Measuring poverty: A new approach. Advancing the Consumer Interest, 9 (1): 18-23.

Nelson RR. 1956. A theory of the low-level equilibrium trap in underdeveloped economies. American Economic Review, 46 (5): 894-908.

Nurkse R. 1953. Problems of Capital Formation in Underdeveloped Countries. New York: Oxford University Press.

Nussbaumer P, Bazilian M, Modi V. 2012. Measuring energy poverty: Focusing on what matters. Renewable and Sustainable Energy Reviews, 16 (1): 231-243.

Orshansky M. 1963. Children of the Poor. Social Security Bulletin, 26 (7): 3-13.

OrtizI, Moreira Daniels L, Engibertsdóttir S. 2012. Child Poverty and Inequality: New Perspectives, New York: United Nations Children's Fund.

Pham A T Q, Mukhopadhaya P. 2018. Measurement of poverty in multiple dimensions: The case of Vietnam. Social Indicators Research, 138 (3): 953-990.

Pogge T, Rippin N. 2015. Universal agenda on the multiple dimensions of poverty. Canadian Journal of Forest Research, 24 (2): 398-404.

Pradhan M, Ravallion M. 2000. Measuring poverty using qualitative perceptions of consumption adequacy. Review of Economics and Statistics, 82 (3): 462-471.

Rank M R, Yoon H, Hirschl T A. 2003. American poverty as a structural failing: Evidence and arguments. Journal of Sociology & Social Welfare, 30 (4): 23-29.

Ravallion M. 2001. Growth, inequality and poverty: Looking beyond averages. World Development, 29 (11): 1803-1815.

Rowntree B S. 1901. Poverty: A Study of Town Life. London: Macmillan.

Schultz T W. 1964. Transforming Traditional Agriculture. New Haven: Yale University.

Sen A. 1999. Development as Freedom. Oxford: Oxford University Press.

Sen A. 1976. Poverty: An ordinal approach to measurement. Econometrica, 44 (2): 219-231.

Snowdon B. 2008. The wealth and poverty of nations. Estudios de Políticay Sociedad, 9 (3): 123-176.

Sullivan C. 2002. Calculating a water poverty index. World Development, 30 (7): 1195-1210.

Suriya K. 2008. Modelling the linkage between tourism and multiple dimensions of poverty in Thailand. Mpra Paper, 71 (9): 2206-2213.

Thorbecke E, Jung H S. 1996. A multiplier decomposition method to analyze poverty alleviation. Journal of Development Economics, 48 (2): 279-300.

Townsend P. 1979. Poverty in the United Kingdom: A Survey of Household Resources and Standards of Living. Berkeley and Los Angeles: University of California Press.

Waglé U R. 2008. Multidimensional poverty: An alternative measurement approach for the United States. Social Science Research, 37 (2): 559-580.

Wimer C, Collyer S, Kimberlin S. 2018. Assessing the potential impacts of innovative new policy proposals on poverty in the United States. The Russell Sage Foundation Journal of the Social Sciences, 4 (3): 167-183 .

Zeller M, Sharma M. 1998. Rural finance and poverty alleviation. Food Policy Reports, 30 (1): 12-21.

Zhao W, Ritchie J R B. 2007. Tourism and poverty alleviation: An integrative research framework. Current Issues in Tourism, 10 (2-3): 119-143.